やさしく学ぶ
カウンセリング
26のレッスン

長尾 博 著

金子書房

はじめに

　本書のねらいは、少しでも自分自身を深く知り、また他者の心を少しでも理解すること、そしてカウンセリングスキルを学ぶことにある。
　昨今のわが国においては、学校、家庭、職場でのよりよい人間関係がいかにしてつくれるかが大きな課題であると思われる。とくに学校においては、いじめや不登校の生徒を減らすために臨床心理士（スクールカウンセラー）の派遣や、教職課程で心の教育を重視したカリキュラムが実践されている。また、政府は、家庭教育に関して母親への子育て支援対策や、増えている中高年男性の自殺予防対策を推し進めている。このような対策に役立つ人間関係の改善方法のひとつとして、「カウンセリング」の実践が期待されている。
　ところで全国各地で行われている学校や職場でのカウンセリング研修のあり方をみると、そのほとんどがロジャーズ（Rogers, C. R.）が提唱した「カウンセリング」についての講義や実習である。筆者はロジャーリアンではないが、約20年前に地方の大学に赴任し、誰もロジャーズ流の「カウンセリング」の講習ができる者がいないことから、長年にわたって筆者なりの「カウンセリング」論を講演してきた。その過程で、筆者による「カウンセリング」論が果たして実際に学校や職場で役立っているのかという疑問をもつようになった。よくロジャーリアンは、きれいごと、楽天的、非現実的、気長などと批判される。とはいえ、筆者が専攻してきた精神分析療法は学校や職場で即実践できるものではないのではないか、また、最近、注目されている問題解決療法、あるいは認知行動療法を研修で取り扱ったとしても、現在のように複雑化している人間関係の改善をねらうにはあまりにもファーストフード的で、その受講者の心を打たないのではないかなどと悩んできた。
　試行錯誤の末、臨床心理学での心理面接の基本はロジャーズにあることに立ち返り、「わかる」ことを何よりも重視して、15回程度（各90分間）でカウンセリングスキルの基本がある程度わかる本書を作成した。
　本書は、いわゆる「カウンセリング」マニュアルではない。マニュアルとは、手引きとか案内書、あるいはハンドブックという意味である。本書は、「カウンセリング」について全く知らない方が一読して、明日からすぐに「カ

ウンセリング」が実践できることをめざしたマニュアルではない。「カウンセリング」とは経験であり、自分の今日までの他者との関係のあり方である。本書は、「カウンセリング」とは何かについて、少しでも「わかっていく」ための啓発書である。

　本書が、教職課程を専攻する大学生、心理学や福祉関係を専攻する大学生、および大学院生、あるいはスクールカウンセラーや学校現場の教員の方々、企業のカウンセラーの方々、心のケアを行うボランティアの方々に少しでもお役に立てれば幸いである。

目　次

はじめに　i
本書の使い方　vii
レッスン一覧　ix

レッスンを始める前に

1. 自分を知ること、他者を知ること……………………………………… 2
   （1） 人間関係をよくするには　2
   （2） ジョハリの窓　5

2. カウンセリングとは……………………………………………………… 7
   （1） 心理療法とカウンセリング　7
   （2） ロジャーズのカウンセリング理論　8
   （3） 今、なぜロジャーズ流のカウンセリングなのか　11
   （4） カウンセリングの場面構成　13
   （5） カウンセリングを行ううえでの倫理　14
   （6） 真のカウンセラーを増やしていくには　16

レッスン

3. ラポール形成のレッスン………………………………………………… 20
   （1） リラクセーション　20
   　レッスン1　リラクセーション　20
   　レッスン1のふり返り　21
   （2） 自己紹介・他者紹介　21
   　レッスン2　自己紹介と他者紹介　21
   　レッスン2のふり返り　22
   （3） 遊びによるラポール形成　22
   　レッスン3　イメージゲーム　24

　　　　レッスン3のふり返り　25

4．ことばと非言語によるコミュニケーションのレッスン……………… 26
　（1）　ことばによるコミュニケーション　26
　　　レッスン4　あなたはどんな人？　26
　　　レッスン5　語いテスト　29
　　　レッスン6　会話からの推測　29
　　　レッスン4のふり返り　31
　　　レッスン5のふり返り　31
　　　レッスン6のふり返り　32
　（2）　非言語によるコミュニケーション　32
　　　レッスン7　対面の実感　35
　　　レッスン8　あなたのパーソナルスペースは？　36
　　　レッスン9　表情とことばの矛盾　37
　　　レッスン7のふり返り　37
　　　レッスン8のふり返り　38
　　　レッスン9のふり返り　38

5．グループでのロールプレイのレッスン……………………………… 39
　（1）　ロールプレイング　39
　（2）　関与しながらの観察　39
　　　レッスン10　役割交換法　40
　　　レッスン11　分身法　41
　　　レッスン12　鏡映法　42
　　　レッスン13　二重自我法　43
　　　レッスン10のふり返り　44
　　　レッスン11のふり返り　44
　　　レッスン12のふり返り　44
　　　レッスン13のふり返り　44

6．カウンセリングスキルのレッスン…………………………………… 46
　（1）　ラポールの形成と面接の進め方　46

- (2) 共感と純粋性　48
  - レッスン14　共感のレッスン　49
  - レッスン15　純粋性のレッスン　53
  - レッスン16　共感と純粋性のロールプレイ　56
  - レッスン14のふり返り　57
  - レッスン15のふり返り　58
- (3) 沈黙とリード　60
  - レッスン17　開かれた質問　62
  - レッスン18　クライエントの問題を展開させる質問　63
  - レッスン19　沈黙に対するリードのロールプレイ　64
  - レッスン17のふり返り　65
  - レッスン18のふり返り　66
- (4) くり返し　68
  - レッスン20　くり返しのレッスン　68
  - レッスン20のふり返り　70
- (5) 明確化　70
  - レッスン21　明確化のレッスン　71
  - レッスン22　くり返しと明確化のロールプレイ　74
  - レッスン21のふり返り　75
- (6) 対決と直面　76
  - レッスン23　直面を促すレッスン　79
  - レッスン24　直面のロールプレイ　82
  - レッスン23のふり返り　83
- (7) 支持　85
  - レッスン25　支持のレッスン　87
  - レッスン26　支持のロールプレイ　90
  - レッスン25のふり返り　91
- (8) レッスン 16、19、22、24、26 のふり返り　94
  - レッスン16のふり返り　94
  - レッスン19のふり返り　94
  - レッスン22のふり返り　94
  - レッスン24のふり返り　95

レッスン26のふり返り　95

用語解説　97
文　献　103
附　録　106
おわりに　109
索　引　111

ティータイム
- 「カウンセリング」という語の語源は　6
- カウンセラーの自己開示とクライエントの自己開示　17
- 指示か非指示かのカウンセリング論議　25
- 心理療法と宗教　30
- メディア媒体を活用したカウンセリングの一長一短　38
- 自己受容と自己実現　45
- 病態別・年齢別のカウンセリングの適用　67
- スーパービジョンとは　69
- 診断は無用か　77
- なぜ「クライエント」なのか　93

本書の使い方

（1）「レッスンを始める前に」、「レッスン」の２部構成になっています。「レッスンを始める前に」で、人間関係の改善とは何か、カウンセリングとは何かを学び、理解します。続いて、「レッスン」で、カウンセリングとは何かを体得します。

（2）レッスンは、①ラポールの形成、②自分の特徴や他者の特徴を知る、③カウンセリングスキル、の順に進めます。すべてのレッスンを行うことがベストですが、時間的な理由などで、それができない場合は、本書の活用例の表を参考に行ってください。対象者に合わせて必要なレッスンを紹介しています。

（3）各レッスンには、ふり返りがあります。レッスンを行ったら、必ずふり返りを行いましょう。自分の特徴やスキルの上達を確認することができます。

（4）レッスン１からレッスン26まであえて前もってレッスンのねらいを明記していません。スキルを高めるには、ねらいを意識しないで自由にレッスンを行い、そこで自分の特徴をつかみ、ふり返りを読んで修正していく必要があります。レッスンは、回数を重ねるごとに上達するように工夫しています。

（5）心理学用語については、用語解説のページ（p.97〜102）を設け、わかりやすい解説を加えています。理解を深めるために利用してください。

（6）コラム「ティータイム」では、ロジャーズ流カウンセリングの特徴やカウンセリングについての興味深いトピックスを取りあげています。

（7）附録のカウンセリングプロセススケールは、ロールプレイや実際のカウンセリングの展開を知るために使ってください。

[本書の活用例の紹介]
（1） 教科書として
　大学や大学院でのカウンセリング演習授業の教科書として、実際に体験を通して学習することができます。

（2） 研修のテキストとして
　教員、保育士、幼稚園教員、看護師、ビジネスマンを対象としたカウンセリング研修で用いるテキストとして、最適です。

（3） グループでの勉強会に
　何人かのグループで、カウンセリングについて、体験を通して学ぶ際に活用できます。本書を媒介にしてグループでの活発な話し合いが展開され、多様な体験をすることができるでしょう。心のケアを行うボランティアグループ、カウンセラーのグループなどで、活用できます。

目的	対象	授業回数（または所要時間）とレッスンナンバー
演習授業	大学生 大学院生	1回目　ガイダンス 2回目　レッスンを始める前に 3回目　〃 4回目　〃 5回目　〃 6回目　レッスン1、②、③ 7回目　レッスン4、5、⑥、7、8、⑨ 8回目　レッスン⑩、11 9回目　レッスン12、⑬ 10回目　レッスン⑭、⑮ 11回目　レッスン⑯ 12回目　レッスン17、18、⑲ 13回目　レッスン⑳、㉑、㉒ 14回目　レッスン㉓、㉔ 15回目　レッスン㉕、㉖
研修	一般市民（父母）	レッスン3、⑦、⑨（60分間）
	保育士、幼稚園教員、小学校教員	レッスン1、②、③（60分間）
	中学・高校教員	レッスン1、②、⑯（70分間）
	教頭・校長	レッスン⑩、11（75分間）
	ビジネスマン・看護師	レッスン1、②、⑩（60分間） レッスン1、②、③、⑩、11（140分間）
	臨床心理士	レッスン⑯、⑲、㉒、㉔、㉖（200分間）

注：○囲みの数字は行ったほうがよいレッスンナンバーを意味する。

レッスン一覧

		所要時間	掲載ページ
レッスン1	リラクセーション	5分間	20
レッスン2	自己紹介と他者紹介	25分間	21
レッスン3	イメージゲーム	30分間	24
レッスン4	あなたはどんな人？	10分間	26
レッスン5	語いテスト	5分間	29
レッスン6	会話からの推測	5分間	29
レッスン7	対面の実感	15分間	35
レッスン8	あなたのパーソナルスペースは？	15分間	36
レッスン9	表情とことばの矛盾	15分間	37
レッスン10	役割交換法	30分間	40
レッスン11	分身法	45分間	41
レッスン12	鏡映法	45分間	42
レッスン13	二重自我法	40分間	43
レッスン14	共感のレッスン	30分間	49
レッスン15	純粋性のレッスン	30分間	53
レッスン16	共感と純粋性のロールプレイ	40分間	56
レッスン17	開かれた質問	15分間	62
レッスン18	クライエントの問題を展開させる質問	20分間	63
レッスン19	沈黙に対するリードのロールプレイ	40分間	64
レッスン20	くり返しのレッスン	10分間	68
レッスン21	明確化のレッスン	30分間	71
レッスン22	くり返しと明確化のロールプレイ	40分間	74
レッスン23	直面を促すレッスン	30分間	79
レッスン24	直面のロールプレイ	40分間	82
レッスン25	支持のレッスン	40分間	87
レッスン26	支持のロールプレイ	40分間	90

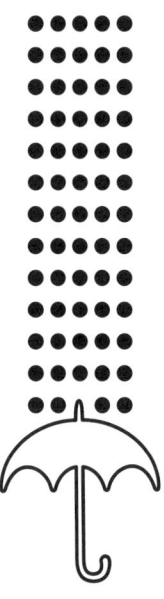

レッスンを始める前に

1. 自分を知ること、他者を知ること

（1） 人間関係をよくするには

　人間関係（human relations）とは、3人以上のヒトとヒトとの相互関係のうち、とくに心理的な関係をいう。最初は、社会心理学において主に企業内の関係を指していたが、今日では、親と子ども、夫と妻、教師と生徒、生徒どうし、地域の人々、外国人との、また治療者（therapist）と患者（patient）、カウンセラー（counselor）とクライエント（client）などの関係を意味するようになった。

　一方、対人関係（interpersonal relation）とは、主に1対1の関係のあり方を意味している。とくに対人認知（interpersonal cognition）あるいは対人知覚（interpersonal perception）、つまり他者の心理過程の特性（感情、意図、態度、パーソナリティなど）のとらえ方を強調することが多い。

　臨床心理学（clinical psychology）において、「心の問題は、人間関係のあり方や葛藤から生じている」と最初に唱えたのは*ロジャーズ（Rogers, C. R. 1942）である。

　ところで、人間関係を改善していくには、どのような方法があるのであろうか。R.ウィリアムスとV.ウィリアムス（Williams, R. & Williams, V. 1993）は、人間関係を改善していく方法として、傾聴する、信頼する、親しくなる、共感する、寛容になる、許容する、ユーモアをまじえる、宗教を信じる、ボランティアに参加する、ペットを飼う、をあげている（表1）。これらのことは、一般に日常、行っていることである。この中でもとくに、話をよく聞く、相手を信頼する、共感するといったことは今日の人間関係において重視される。

　人間関係がこじれたり、深刻な問題となった場合、対人認知や自己認知（self cognition）、つまり他者に対するとらえ方と自分の諸特質について抱いている認知の両面を変化させていく必要があろう。

　表2は、対人認知を誤ってとらえる要因を示している（江川 2006）。さま

1. 自分を知ること、他者を知ること

表1 人間関係の改善の方法（Williams, R. & Williams, V. 1993）

方　法	説　明
傾聴する	他者の話をよく聴く、そのことによって他者は尊重されている、注意が向けられているという気持ちになる。
信頼する	自分の大切なことを他者に任せてみる、そのことによって他者は信頼されているという実感をもつ。
親しくなる	もっと他者と親密となり、他者との時間をつくる。
共感する	他者の気持ちがわかるように努力する。
寛容になる	他者と自分の違いがわかり、他者のあるがままを受けいれる。
許容する	他者の失敗やミスを許す。
ユーモアをまじえる	自分の失敗について冗談やほほえみをもって話す。
宗教を信じる	心が安定し、人を受けいれるようになる。
ボランティアに参加する	孤立しないで、人との輪ができる。
ペットを飼う	孤独ではない感じをもったり、愛情表現がうまくなり、安定してくる。

表2　対人認知を誤ってとらえる要因（江川 2006 より作成）

要　因	説　明
光背効果（hallo effect）	外見で人を評価する。 例：美人は性格もよいだろう
論理的過誤	論理的ではない推論。 例：英雄、色を好む
寛大効果	望ましいことを過大評価、望ましくないことを過小評価する。 例：〜さんは最低の人だ、〜さんは最高の人だ
過度の単純化	ある側面だけみて全部としてとらえる。 例：生兵法はケガのもと
時間的拡張	たまたま目撃したことを一般化する。 例：1回の夫婦ゲンカをみていつもケンカしているとみる
投射（投影）	自分の心の問題なのにそれが他者にうつってとらえる。 例：対人恐怖、自分は相手を憎んでいない、相手が自分を憎んでいる
よく知っている人からの一般化	類推の誤り。 例：AさんはBさんと似ているからきっと同じ性格だろう
対比効果	個別に会うと違いはないが、同時にふたりに会うと一方がよりよくみえて、一方がよりわるくみえる。 例：会社の集団での採用面接
自信過剰からくる決めつけ	断定的に決めつけてかかる。 例：女はダメだ
慎重過剰からの過剰修正の態度	「ああか、こうか」と人を疑って考えすぎる。 例：バカな考え、休むに似たり

レッスンを始める前に

表3　エリスのイラショナルビリーフの例（岡 1986 より）

1. 自分のなすべきことすべてがすべての人びとに愛されることが何が何でも必要だ。
2. ある種の行為はとりかえしのつかないもので、そうした行為をする者は罰せられるしかない。
3. 物事が望ましい事態にないということはとんでもないことだ。
4. 不幸は他者や外的出来事によってひき起こされる。
5. 危険なことや怖いことに人はひどく混乱するものだ。
6. 人生の困難や担うべき重荷には、直面するより避けるほうが楽である。
7. 自分自身に頼るよりも、他人や強い者や偉大な者に頼ることが必要である。
8. あらゆる点で能力に優れ、知性に富み、ことをなし遂げるべきである。
9. あることが人の人生にいったん強い影響を与えると、それはいつまでも影響し続ける。
10. 物事に対して完全にコントロールしなくてはならない。
11. 人間の幸福は自然と訪れるものである。
12. 感情はコントロールできないし、どうしても感情的になってしまう。

ざまな心理療法（psychotherapy）のうち、とくに認知療法（cognitive therapy）では、認知のゆがみを修正していくことをねらいとしている。認知療法のルーツは、エリス（Ellis, A.）によって創始された*論理情動行動療法（rational emotive behavior therapy）である。この療法では、症状、葛藤、問題の発生因として、クライエントの抱く*イラショナルビリーフ（irrational belief）、つまりゆがんだ、誤ったとらえ方をあげている。表3は、イラショナルビリーフの例である。

　一方、自己認知を変化させる主な経験を表4に示す。人との出会い、さまざまな出来事によって、年齢とともに自己認知が変化することは誰もが感じるだろう。とくに、感化される人との出会い、結婚、離婚、死別、病気、出産など、強烈なライフイベント（life events）を経験することは自己認知に大きく関わる。心理療法も、治療者との面接の中で、自己表現をし、自己理解が深まるため、自己認知を変化させることにつながる。自己認知を変化させるには自分自身について、理解を深めなければならない。カウンセリング（counseling）も自己認知を変化させる。

1. 自分を知ること、他者を知ること

表4 自己認知を変化させる経験

経　験	説　明
病気を患う	プラスにもマイナスにも自分や人生を変化させる。
年齢にともなう経験	人との出会い、さまざまな経験が刺激となる。
強烈なライフイベントに遭遇する	よい出来事、予期せぬ出来事にあって自己が変化する。
異文化に出会う	環境を変える。旅に出る。
時代の勢い	その時代に自己が影響される。流行。
表現する	音楽、絵、日記、小説を書くなど。
無意識の自己に直面する	瞑想、禅、夢をみる。
宗教を信じる	洗脳、マインドコントロール、洗礼。
薬物を服用する	アルコール、麻薬、覚醒剤など。
同一化	すばらしい人、影響される人を取りいれる。
心理療法を受ける	洞察、表現、支持、訓練によって自我が変化する。

（2）ジョハリの窓

　図1は、「ジョハリの窓」として知られる自分についての4つの領域を示したものである。図1の①は、開かれた領域といい、行動や感情について、自分でもよく知っているし、他者にも知られている特徴である。②は、気づいていない領域といい、他者から知られているが、自分自身では気づいていない特徴である。また、③は、隠れた領域といい、自分はよくわかっているが、他者には知られないようにしている特徴である。④は、誰も知らない領域といい、自分の行動や感情の中で自分も他者も気づいていない特徴である。心が健康である場合や人間関係が円滑にいく場合、一般に①の領域が大きい。心を閉ざし、孤独である場合、③の領域が大きいが、誰かに自己開示（self-disclosure）、つまり心を開いて話していけば、①の領域が大きくなる。カウンセリングは、①の領域を増やすために、②の領域の自分が知らない自分についてカウンセラーがフィードバックすることをねらいとしたり、あるいは③の領域で他者に表現

レッスンを始める前に

	自分が知っている	自分が知らない
他者が知っている	① 開かれた領域	② 気づいていない領域
他者が知らない	③ 隠れた領域	④ 誰も知らない領域

図1　ジョハリの窓（Luft, J. & Ingham, H. 1955）

していない自分についてカウンセラーに表現することをねらいとすることが多い。

　また、認知療法では、②の領域でのゆがんだ自己認知を修正していくことをねらいとしている。*精神分析療法（psychoanalysis）では、治療者もクライエントも知らない④の領域のクライエントの心の深層を双方で探求していくことをねらいとしている。

ティータイム　《「カウンセリング」という語の語源は》

　カウンセリング（counseling）の語源は、聖書の中の"the counsel of perfection"、つまり天国に入ろうとする者への完徳（心をきれいにすること）の勧めということばにあるといわれている。

　英語の counsel は、相談、助言、意図、分別などを意味し、advice や adomonition、caution とは異なり、慎重に考慮したうえである方向へ方向づけるという意味がある。

2. カウンセリングとは

（1） 心理療法とカウンセリング

　心理療法とは、心理学の知見を主に使って、心の問題から心身に生じる症状を改善する方法の総称である。臨床心理士が行う場合は、心理療法といい、精神科医が行う場合には、精神療法ということが多い。

　一方、カウンセリングという語は、今日では、助言、相談、推奨を意味する日常用語となっているが、この語のルーツをたどっていくと不明な点が多い。ロジャーズは、心理療法とカウンセリングを同義語として用いたが、臨床現場では、心理療法という語は、病理性をもつクライエントや患者を対象とする場合、とくに医療領域で実践される場合に用いられる語として、またカウンセリングという語は、比較的健康で病理性のないクライエントを対象とする場合、また、学校現場や企業で実践される場合に用いられる語として区別されている。図2は、心理療法とカウンセリングとの対照を示したものである。

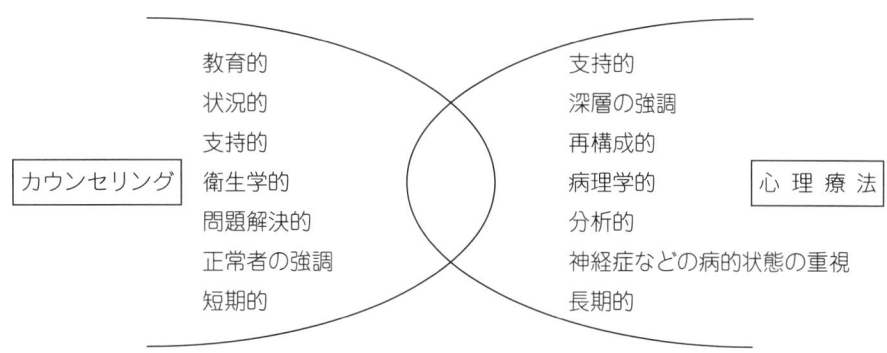

図2　カウンセリングと心理療法の対照
（Brammer, L. M & Shostrom, E. L. 1960）

レッスンを始める前に

（2） ロジャーズのカウンセリング理論

　「カウンセリング」という語のルーツは、聖書の中にある「counsel of perfection（完全への勧め）」という語にあるといわれている。カウンセリングは、13世紀のヨーロッパの教会で主に行われていた牧会カウンセリング（キリスト教信者の相談）から始まったといわれている。その方法は、キリスト教思想にもとづく、指示、助言、説得であった。

　17世紀のアメリカにおいても牧会カウンセリングは行われていたが、20世紀の初期、アメリカでは青年に対する進路指導においてカウンセリングという語が用いられた。その後、第一次世界大戦時に軍人適性をみるためにカウンセリングが用いられたのである。そして、第二次世界大戦後、アメリカでは、メンタルヘルスを重視し、学校、病院、企業など各地にカウンセラーがおかれ、心の健康をはかるカウンセリングが盛んになった。

　同時期にアメリカにおいて、ロジャーズ（1942）が、非指示的カウンセリング（non-directive counseling）を提唱し、患者を「クライエント」と呼ぶようになった。わが国では、彼の影響が大きく、臨床現場では、カウンセリングという語は、一般にロジャーズのいう非指示的カウンセリング、または来談者中心カウンセリング（client centered counseling）を指すことが多い。本書では、カウンセリングの理論についてロジャーズが提唱した来談者中心カウンセリングを取りあげる。

　カウンセリングの定義は、「非常に言語的な過程であり、その過程でカウンセラーとクライエントとは力動的に相互作用し、カウンセラーはさまざまな種類の活動を通して、自分の行動に責任をもつクライエントが自己理解を深め、

表5　カウンセリングの定義（Herr, E. L. 1978）

（1）　非常に言語的な過程であり、
（2）　その過程でカウンセラーとクライエントとは力動的に相互作用し、
（3）　カウンセラーはさまざまな種類の活動を通して、
（4）　自分の行動に責任をもつクライエントが自己理解を深め、意味のある意思決定をして、それを行動に移していくように援助すること

2. カウンセリングとは

表6 非指示的カウンセリングの原則 (Rogers, C. R. 1942)

（1） クライエント自身の成長、健康、適応へ向かう欲求に絶大の信頼をおくこと
（2） クライエントの知的側面よりも感情的側面を重視すること
（3） クライエントの過去よりも直接の現在の状況を重視すること
（4） カウンセラーとクライエントとの関係そのものが、クライエントの成長経験であるととらえること

表7 カウンセラーの態度 (Rogers, C. R. 1957)

態　度	説　明
無条件の積極的関心	クライエントのここが良いが、この点が悪いというような条件つきの理解ではなく、クライエントのすべての側面をクライエントの一部として理解していく態度
共感的理解	クライエントの心の世界をあたかも自分自身のことであるかのように感じとること
純粋性	カウンセラーが、今、ここで、クライエントから感じとったものをありのままに（純粋に）フィードバックしていく態度

意味のある意思決定をして、それを行動に移していくように援助することである」とするのが、一般的である（表5）。ロジャーズによる非指示的カウンセリングの原則は、（1）クライエント自身の成長、健康、適応へ向かう欲求に絶大の信頼をおくこと、（2）クライエントの知的側面よりも感情的側面を重視すること、（3）クライエントの過去よりも直接の現在の状況を重視すること、（4）カウンセラーとクライエントとの関係そのものがクライエントの成長経験であるととらえること、の4つである（表6）。クライエントを、成長、健康、適応へ向かう欲求をもつ存在として、絶対的に信頼することから始まっており、ここからは性善説がとらえられる。

　また、ロジャーズ（1957）は非指示的カウンセリングがなぜ奏功するのかについての実証的研究を行い、その結果、カウンセラーの態度（attitude）がクライエントのパーソナリティ変化に影響を及ぼすことを明らかにしている。無条件の積極的関心、共感的理解、純粋性は、彼が唱えたクライエントのパーソナリティが変化していくための著名な3条件である（表7）。この態度を形成するために、受容、くり返し、明確化などのスキルを提案している（表8）。これらのスキルは、本書に示すレッスンで体得してほしい。

レッスンを始める前に

表8　カウンセラーの対応の発言例（長尾 1991）

対応	ねらい	区分	発言例
受容	クライエントの発言に対し、一定の基準による評価的選択的認知を行わず、好意的な感情をもって受けいれ、理解しようとする	単純な受容	ク「あの先生の授業は、さっぱりわかりません」 カ「そうですか」
		（浅い受容・深い受容の例）	ク「父も母も私のことをわかってくれやしない。成績も悪いし、学校もおもしろくない。進学しろというけど無理な気がする。就職してもちゃんとはやれない気がする。学校も行きたくないし、この頃は、毎日、家出しようかと考えている」
		浅い受容	カ「そうですか。お父さんもお母さんも君の気持ちをわかってくれないんですね」
		深い受容	カ「うーん、両親も誰も君の本当の気持ちをわかってくれなくて、逃げ出したい気持ちなんですね」
くり返し	クライエントの発言をそのままもう一度くり返して、自己のあり方や考え方を深めさせる	事実のくり返し	ク「そして私は理由もなく泣いてしまうんです。私は、急に泣きたくなり、それを止めることができなくなります」 カ「君は、わけもなく泣き出してしまい、それを止めることができなくなるんですね」
		感情の反射	ク「その人と別れることを考えると悲しみや自分のみじめさが生じてきて……」 カ「悲しみやみじめな気持ちが生じたの」
明確化	クライエントの混乱したり、葛藤している感情や思考を整理・分類して、それらを明確で正確なものにしていく	事実の明確化	ク「そういうと父は怒り、口もきいてくれなくなり、母はあわてて、私にいちいちいってくる」 カ「お父さんは怒って、お母さんはあわてるんですね」
		考え方の明確化	ク「私には決心がつかない原因があるんです。それをはっきりさせようとするんですが、どうもはっきりしないんです。私は、一体何を望んでいるのかを考えてもはっきりしないんです。私は、それがいやなんです」 カ「君は、自分の希望していることが何かはっきりしないんですね。そのはっきりしないことがいやなんですね」
		（感情の明確化の例）	ク「私は、他人といっしょにいてもすこしも楽しくありませんでした。私は、ひとりだけとり残されているような気持ちになってしまい、勉強ばかりしていました。苦しみを忘れるために勉強をしました」
		浅いレベルの感情の明確化	カ「君は、他人といっしょにいることが苦痛で現実逃避として勉強をしていたんですね」
		深いレベルの感情の明確化	カ「君は、他人といたらのけものにされるような気持ちに耐えかねて、その苦しみを紛らすために勉強をしていたんですね」

注：「カ」はカウンセラーの発言例を、「ク」はクライエントの発言例を示す。

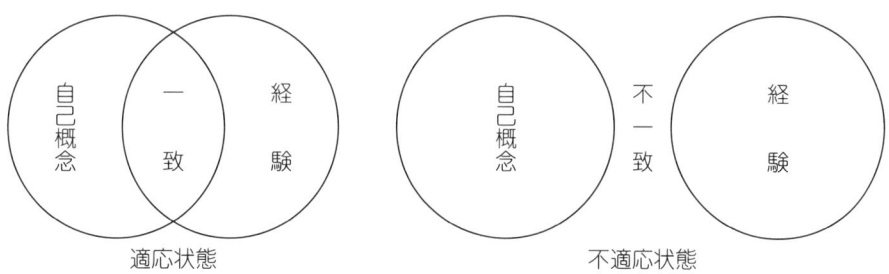

図3 適応と不適応（Rogers, C. R. 1961）

　ところで、ロジャーズ（1961）は、不適応（maladjustment）状態とは、図3に示すように自分についての諸特性である自己概念（self concept）と経験との不一致（incongruence）によって生じるととらえている。たとえば、「自分は、おとなしく、自己主張しない性格」だという自己概念を抱いている人が、ある時、多くの人々の前で自分について述べさせられた経験をもち、それによって脅威と不安が生じて不適応感をまねくというものである。また、自己内の「……あるべき自分」（理想自己：ideal self）と、現実に「経験する自分」（現実自己：perceived self）との「自己不一致」（self-incongruence）からも不適応状態が生じるととらえている。たとえば、「成績がよいはずの自分」（理想自己）が、実際にテストを受けて「成績がわるかった自分」（現実自己）に直面して、不適応感が生じるというものである。ロジャーズのいう「カウンセリング」とは、クライエントの気持ちを聞くことによって、クライエントの自己概念を変化させて（思い通りにならない自分もあることを受容する）、経験との一致感が生じるように援助していくことである。

（3）　今、なぜロジャーズ流のカウンセリングなのか

　昨今の心理臨床現場では、*認知行動療法（cognitive behavioral therapy）、ブリーフセラピー（brief therapy）、コラージュ療法（collage therapy）、精神分析療法、そしてロジャーズによる来談者中心カウンセリングなど、百花繚乱の心理療法が展開されている。

　筆者が、本書においてロジャーズ流のカウンセリングについて取りあげた根拠は、2点あげられる。そのひとつとして、筆者は、スクールカウンセラー

レッスンを始める前に

(school counselor) の*スーパービジョン（supervision）を行っていて、生徒とのカウンセリングができないカウンセラーが多いことに気づいた。具体的には、大学や大学院でロールプレイ（role play）実習を行っておらず、実際の臨床現場でクライエントが次々にドロップアウトしていく経験をしている臨床心理士が多いことに気づいた。また、現在のスクールカウンセリングの風潮として、ケースにまつわる情報を学校側とスクールカウンセラーが共有して、クライエントの精神内界の変化よりもむしろケースの*環境調整（environmental manipulation）を行うことが主であることがわかった。このようなことから筆者は、臨床心理士への来談者中心カウンセリングの研修の必要性を感じた。

もうひとつは、現在のクライエントは、心理療法に本当は何を期待しているのかということである。たしかにブリーフセラピストがいうようにクライエントは、今、悩んでいる問題を解決してもらいたいであろう。また、認知行動療法家がいうように、ものの見方を変えていくと症状も除去されるかもしれない。また、精神分析療法家がいうように、自らの無意識世界の内容に気づけば、現実的になるかもしれない。

しかし、クライエントが本当に望んでいるのはそのようなことだけであろうか。筆者の臨床経験から、昨今はさびしいクライエントが増えていることに気づいた。クライエントは、自分の本当の気持ちをひとりでもいいから誰かにわかってもらいたいのではなかろうか。クライエントは、問題解決の方法はすでに頭ではわかっており、ものの見方を変えていけばよいことも頭ではわかっているようである。それでも心が不安であり、悩むということは、ひとりでもいいから誰かに自分の気持ちをわかってもらいたいのである。このようなことから、筆者は、クライエントの気持ちを受容（accept）することを前提にするロジャーズ流のカウンセリングによってクライエントに対応していくことの重要性を感じた。

来談者中心カウンセリングは、心理療法各流派に共通した人と人との心の絆を結ぶという普遍性を有しており、そのレッスンを行えば行うほどクライエントの心の奥を受容し、クライエントはより健康になっていくという心理療法の深さをもっている。人間関係の真理である「出会い」（encounter）と「共感」（empathy）を強調した来談者中心カウンセリングこそ、現在の臨床心理士やクライエントに必要なのではなかろうか。

（4） カウンセリングの場面構成

　カウンセリングの場面構成とは、いつ、どこで、誰とどの程度の間隔で、面接料金はいくらで行うかということや、秘密の厳守などの約束事についてを、カウンセラーとクライエントとで取り決めてカウンセリングを行うことをいう。昨今の臨床心理士は、メールによる情報支援やクライエントの自宅への訪問面接、不定期なカウンセリングを行うこともよしとしているようだが、万能感（omnipotence）に陥らぬように、スーパービジョンを受けることが大切である。この場面構成があってこそ、カウンセラーとクライエントの安定した関係が形成され、本当のカウンセリングができると思われるからである。

　表9は、中学・高校生を対象とした場面構成の例である。カウンセラーの対応の発言例（表8）でも示したように、クライエントに拘束感や圧迫感を与えないように配慮してそれとなく話すことがポイントである。面接は、どこでもいつでも行うのではなく、決まった場所で決まった時間に行う。面接時間も成人の場合は1時間、中学・高校生の場合は40分間、高齢者の場合は30分間を限度とし、面接目標を考慮して毎週1回のペースからその間隔を次第にあけていくなどの工夫が必要である。

　また、カウンセラーとクライエントの対面位置の例を図4に示した。カウンセラーとクライエントが向かい合う対面法が一般的な位置であるが、対人緊張や対人恐怖感が強いクライエントに対する場合は、90度法や180度法を行うとよい。カウンセラーとクライエントの位置による感じ方の違いは、レッスン7とレッスン8で体感できる。

　なお、性差、年齢差、カウンセラーの臨床経験、人種差などのカウンセラーとクライエントの組み合わせに関したアメリカでの多くの研究から、面接が継続されることによってこのような差の要因はカウンセリング結果に強く影響を及ぼさないことが示されている。

　また、ロジャーズは、真に変化を求めているクライエントこそカウンセリングを受けるべきであり、そのようなクライエントにとってカウンセリングの効果はあると述べている。わが国の国民性として、非指示的カウンセリングよりも指示的カウンセリング（directive counseling）を求める傾向があり、アメ

レッスンを始める前に

表9　カウンセリングの場面構成（中学・高校生対象）（長尾 1991）

（1）面接時間と面接場所
　　　面接はカウンセリングルームで行い、面接時間は週1回各40分程度を原則とする
　　　来談内容に応じて、2週間に1回にしたり、20分間程度の面接時間にする場合もある
　　　発言例：「今度から、ここで毎週○曜日の午後○時から約40分ぐらい話し合おうか」

（2）秘密の厳守
　　　カウンセラーは、クライエントの述べた内容の秘密を厳守する
　　　発言例：「ここで君と話し合う内容は、プライベートなことが多いから、誰にも話しませんよ」

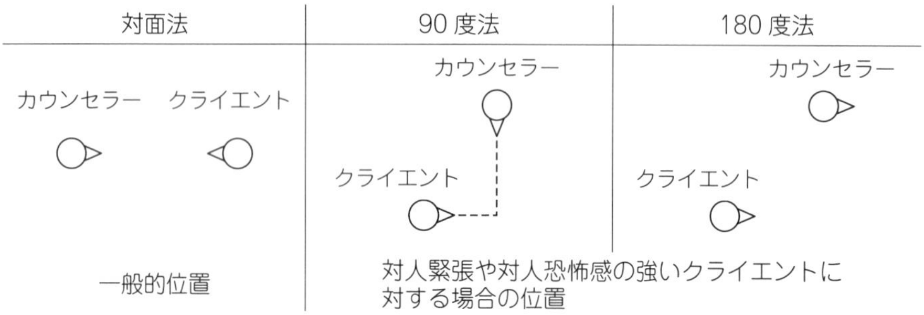

対面法	90度法	180度法
カウンセラー　クライエント	カウンセラー／クライエント	カウンセラー／クライエント
一般的位置	対人緊張や対人恐怖感の強いクライエントに対する場合の位置	

図4　カウンセラーとクライエントの位置関係（長尾 1991）

リカでは非白人や下層階級の市民に同様な傾向が強いことが明らかにされている。しかし、日本人にとって、土居（1971）がいう「自分がある」、つまりグループにむやみに同調せず、依存しないで自分なりの考えや判断力をもつ国民になるためには、主体的に自己のあり方や人生についてを考える非指示的カウンセリングが有効であると思われる。

（5）カウンセリングを行ううえでの倫理

　カウンセリングを行う前提として、表6（p.9）に示した非指示的カウンセリングの原則にもとづいたカウンセラーの人間観や表7（p.9）に示したカウンセ

表10 カウンセリングを行ううえでの倫理（福島 1997 より作成）

（1）クライエントの人権の尊重
　　クライエントの利益を最優先すること。とくに子どもの権利を守ること。
（2）心の未知な世界への尊敬
　　人の心はわからない点を認め、複雑な心の働きを尊敬すること。人の心がわかっているという傲慢さをもたないこと。
（3）謙虚さと自己信頼
　　カウンセラーの謙虚さと自分を信頼し、不安や恐怖をクライエントに投影しないで自分自身に気づくこと。また、クライエントとできない約束をしないこと。
（4）人間としての自己研鑽
　　人間としての資質を自己研鑽していくこと。
（5）私的関係との線引き
　　クライエントの依存や不安、苦悩にカウンセラーはつけこまないこと。研究として取りあげる場合は、その目的をクライエントに知らせて許諾を得ること。
（6）約束と秘密
　　個人の秘密を守ること。
（7）各専門機関との協力と効果的連携
　　カウンセラーひとりでクライエントを抱えこむのでなく、広く協力関係をひらく努力をすること。

ラーの態度（無条件の積極的関心、共感的理解、純粋性）が重要である。つまり、これは、カウンセラーの誠実さ、まじめさ、温かさ、思いやりがあるなどのパーソナリティや倫理観がカウンセリングにおいて必要であることを意味している。表10は、カウンセリングを行ううえでの倫理内容である（福島 1997）。クライエントの人権を守ること、とくにプライバシーの尊重とクライエントのためのカウンセリングになるための謙虚なカウンセラーの態度が重要であることがわかる。

　クライエントの存在を信頼し、カウンセラー自身が謙虚にカウンセリングに向かうことが大切であるが、困難な点も多い。たとえば、クライエントの心はなんでもわかっているという態度をとったり、うまく進まないカウンセリングに不安になったり、カウンセラーとクライエントという関係を越え、私的な感情が入り込んだり、守秘義務をおかすこともある。

　カウンセリングにおいては、カウンセラーとしての職業倫理を常に念頭にお

く必要がある。

（6） 真のカウンセラーを増やしていくには

　昨今の臨床現場では、筆者が心理臨床を始めた頃に比べて、ロジャーリアンのカウンセラーは増えていないようである。精神分析療法学派も同様である。むしろ、認知行動療法、*問題解決療法（solution focused therapy）などを専攻する臨床心理士が増えているように思われる。なぜであろうか。表11はその原因を筆者なりにまとめたものである。運や時勢に任せて方向性を転換したり、自己愛に没入して生きていく者は、真のカウンセラーではない。クライエントの心に共感し、吟味し、カウンセリングの腕を上げていくことをめざすのが真のカウンセラーである。

表11　来談者中心カウンセリングのカウンセラーが増えていない原因

臨床心理士側の原因	クライエント側の原因	来談者中心カウンセリングの問題点
（1）臨床心理士の養成に細かく教育、指導がいきとどかない （2）臨床心理学を専門にした指導者が少ない （3）クライエントとのラポール形成ができない臨床心理士が多い。経験不足 （4）来談者中心カウンセラーの中に幸運な楽観主義者が多い （5）スクールカウンセリングの方法が体系化されていない。スクールカウンセラーが成熟していない	（1）国民性として甘え、依存が強く、自分で問題を解決することを回避しやすい （2）心の問題をもっていても表面に表れた問題だけを重視しやすい （3）根深い病根をもつクライエントが増えている （4）テレビの人生相談とカウンセリングを同じものとしてとらえている	（1）カウンセリング終了までに時間がかかる （2）カウンセリングの目的が不明瞭であることが多く、自己認知の変化だけをねらうことが多い （3）自主来談者、問題を明確に感じているクライエントにのみカウンセリングが有効である （4）理論の背景に性善説があり、きれいごと、非現実的である面がある

表11 からは、真のカウンセラーを養成していくには長い時間がかかることがわかる。臨床心理士の心得として、どの療法を専攻するにしても、クライエントの心を見捨ててはならないこと、謙虚にスーパービジョンを受けること、絶え間のない自己研鑽が必要であることを忘れてはならない。

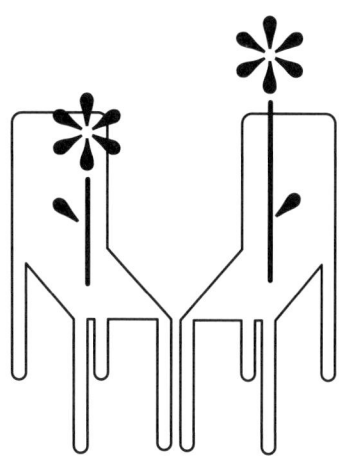

> **ティータイム** 《カウンセラーの自己開示とクライエントの自己開示》
>
> 　自己開示（self-disclosure）とは、自分の情報を他者へありのままに伝えることをいう。クライエントの自己開示は、カウンセラーとのラポール形成のために必要であるが、自己開示を多くすればよいというものではない。それは、クライエントの罪に関した告白（confession）とも異なる。自己開示は、カウンセリングの目標と関連しており、この目標に即したクライエントの自己開示内容が重要である。また、自己開示は、心の傷をいやす浄化（catharsis）とも関連し、クライエントの感情の表現が症状や問題を消失させることもある。
>
> 　フロイト（Freud, S.）は、治療者の中立性（neutrality）、つまり治療者個人を患者に自己開示しないことを強調したが、ラポール形成過程でカウンセラーの自己開示、とくにカウンセラーはどんな人物かを示したほうがよいこともある。
>
> 　カウンセリングは、クライエントの内面に気づかせることがおもなねらいであることから、カウンセラー自身の経験や考え方を強く押し出すべきではない。

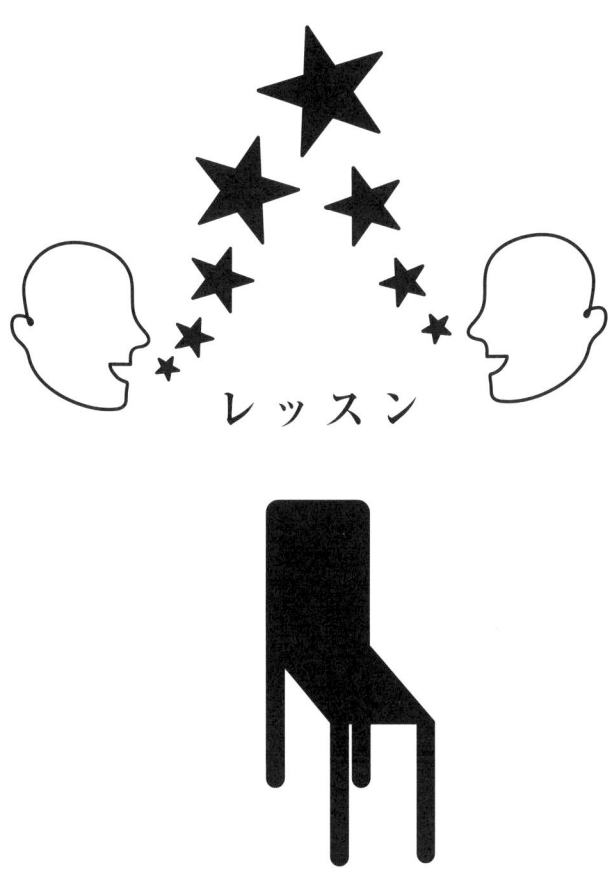

3. ラポール形成のレッスン

　*ラポール（rapport［仏］、ラポートともいう）とは、ヒトとヒトとの考えや興味、感情が一致した親密な信頼関係のことをいう。カウンセラーとクライエントのラポールが形成されないことにはカウンセリングは展開されない。ラポールとはどのようなものかを身体で感じるために、グループでの遊び（play）を体験してみよう。

（1）リラクセーション

　遊ぶ前の準備状態として、リラクセーション（relaxation）が必要である。リラクセーションの方法には、深呼吸、筋弛緩法、*自律訓練法（autogenic training）、イメージ法、アロマセラピー、*音楽療法（music therapy）、ストレッチング、入浴などがある。
　ここでレッスン1のリラクセーションを行ってみよう。

レッスン1　リラクセーション　　　　（所要時間：5分間）

① 自分の一番くつろぐ姿勢で椅子に座る。
② 深呼吸をゆっくり3回行う。
③ ゆっくり閉眼する。
④ 再び深呼吸を3回行う。
⑤ 身体のどこかが、硬くなっている感じがないかをチェックし、少しずつ身体を動かして楽になっていく感じをつかむ。
⑥ ゆっくり深呼吸を3回して、目をあける。

感想：

_____

_____

_____

_____

> レッスン1のふり返り

　ねむくなるぐらいのリラクセーションはできただろうか。リラクセーションさせるようにと力まないで何かに自分を任せた感じで行うとよい。

（2） 自己紹介・他者紹介

　グループ形成を行っていくために、簡単な自己紹介をし、また、メンバーを知るために他者紹介をやってみよう。

レッスン2　　自己紹介と他者紹介　　　　（所要時間：25分間）

　4～5人からなるグループをランダムにつくり、椅子に円座になって対面する。

① 自己紹介

　各グループでひとりひとり順番に、氏名、グループへの参加動機、出身地、今の気持ち、趣味などについて約2分間程度話す。時計回りの方向で順番に行う。

② 他者紹介

　1）すべてのメンバーの自己紹介が終わったら、メンバーの左隣の人の自己紹介の内容を覚えている限り言う。

レッスン

　2）紹介されたメンバーは、他者紹介者の述べたことが間違っていればその場で訂正する。
　3）以上のことを時計回りの順番で行う。

感想：

> レッスン2のふり返り

　他者紹介で、意外に他者の話をよく聞いていないことに気づこう。また、他者紹介によって他者と関わっている感じをつかもう。

（3）遊びによるラポール形成

　遊びとは、遊ぶこと自体のために行われ、それ自身が楽しみを与える活動である。遊びの機能は多くあるが、主にヒトとヒトとのラポール形成とイメージの表現があり、1対1で行うものとグループで行うものとがある。また、遊びの内容は、（1）身体を介したもの、（2）ゲーム、（3）創作表現、（4）〜ごっこ遊びの4つに大別できる（表12）。

　孤独な高齢者、社会性（sociality）に乏しい子どもたち、人間関係に悩む大人たちが注目される昨今、教師や福祉関係に携わる者、臨床心理士、看護師らは、ラポール形成が人間関係形成の基礎であることから遊びによるラポール形成の方法を習得しておく必要がある。

　表13は、筆者の経験にもとづいて、年齢別、障害別に適した遊びの形態と内容をまとめたものである。表13の遊びの実践について、筆者の経験から、

3. ラポール形成のレッスン

表12 遊び内容の分類

分 類	内 容
身体を介したもの	はないちもんめ、後倒遊び[1]、ブラインドウォーク[2] など
ゲーム	しりとり、ナゾナゾ、トランプ、オセロ、野球、ドッヂボール、ジェスチャーゲーム[3]、伝言ゲーム[4] など
創作表現	粘土、コラージュ、絵画、あやとり、積木（これらは、1対1で行うものとグループで行うものがある）、サイコロトーク[5] など
〜ごっこ遊び	ままごと、人形遊び、心理劇など

注：(1) 1対1で行い、ひとりがゆっくり後ろに倒れるのを後ろでしっかり支えてやり安心感を味わう。交互に行う。
(2) 2人組をつくり、ひとりはタオルで閉眼し、もうひとりが開眼したまま、自由に動き回る相手を危険のないように支えながらことばで導くことをいう。交互に行う。
(3) 1対1で行い、ひとりが相手に何か伝えたいことをジェスチャーで示し、相手がそのことをことばで当てる。当たるまでいろいろなジェスチャーをしてみる。交互に行う。
(4) 5〜6人のグループをつくり、最初の人がある文章（20〜30字）を暗記して、順番に暗記した内容を耳うちして伝えていき、最後の人がその内容を黒板に書き、正しい文章かどうかをグループで競うゲーム。文章でなくても、定まらない図形をことばで伝達していくゲームでもよい。
(5) 人に伝えたいテーマを6種類用意してそれをサイコロに書き、5〜6人のグループで順番にサイコロを転がして、サイコロが止まったテーマについて約5分間、皆の前で話すゲーム。

表13 年齢や障害に適した遊び形態と内容

障 害	年 齢	遊びの形態	遊びの内容
健 常	児童期まで	主にグループで行う	創作表現、〜ごっこ
知的障害		主にグループで行う	創作表現
身体障害		主にグループで行う	〜ごっこ、ゲーム
不 登 校		1対1がよい	創作表現、〜ごっこ、ゲーム
健 常	青年期	主にグループで行う	ゲーム、身体を介したもの
知的障害		主にグループで行う	ゲーム、〜ごっこ、身体を介したもの
身体障害		主にグループで行う	ゲーム、〜ごっこ、身体を介したもの
不 登 校		1対1がよい	身体を介したもの、ゲーム、〜ごっこ、創作表現
精 神 病		1対1がよい	創作表現、〜ごっこ
健 常	老年期	主にグループで行う	創作表現、ゲーム
精 神 病		主にグループで行う	ゲーム、〜ごっこ
認 知 症		主にグループで行う	創作表現

レッスン

アルコール依存症や人格障害をもつ者には、自己直面の不安から遊びを拒否したりする傾向がみられ、企業や学校、教育委員会のリーダーには、自尊心の高さから遊びを拒否する傾向がみられる。このように遊びによるラポール形成が難しい場合もある。

レッスン1と2で気持ちが落ち着き、やわらいできたら、レッスン3のイメージゲームでラポールを体験してみよう。

レッスン3　イメージゲーム　　（所要時間：30分間）

他者から自分がどのようなイメージを抱かれているのか楽しんでみよう。

① レッスン2でつくったグループのまま、時計回りの順番で輪の中にひとり入ってもらい、ほかのメンバーがひとりずつ、輪の中に入っている人に対して抱くイメージを1つ言う。

② 最初は「色」イメージを伝える。1回り終了したら、「植物」イメージを伝える。最後に「動物」イメージを伝える。

感想：

―――――――――――――――――――――――――――――

―――――――――――――――――――――――――――――

―――――――――――――――――――――――――――――

―――――――――――――――――――――――――――――

―――――――――――――――――――――――――――――

3. ラポール形成のレッスン

> レッスン3のふり返り

　他者から意外なイメージでとらえられていることに気づいただろうか。イメージの交換によって、親密感やラポール形成ができていることに気づいただろうか。

　レッスン2やレッスン3のようなことが苦手で、遊べないこと、自分をくだけて表現できないことはラポール形成を難しくするが、レッスン2やレッスン3のようなことだけでは容易にヒトとヒトとのラポールは形成されにくいことも知っておく必要がある。カウンセリングにおいては、じっくりと確実にラポールが形成されるようなカウンセラーの工夫が求められる。

ティータイム　《指示か非指示かのカウンセリング論議》

　カウンセリングとは、心の問題をもつクライエントに対してカウンセラーが心の専門家として助言や指示をして解決することととらえているのが通念であろう。ウィリアムソン（Wiliamson, E. G.）が、アメリカで指示的カウンセリング（directive counseling）を開発し、それがカウンセリングととらえられてきたが、ロジャーズ（Rogers, C. R.）は、クライエントは実際にカウンセラーの指示通りには解決していないことやカウンセラーへの依存性が高まること、またカウンセラーと対等な関係になれないことを批判して、非指示的カウンセリング（non-directive counseling）を創案した。わが国にこの方法が紹介され、指示を絶対にしてはいけないことと誤解され、ロジャーズの非指示的カウンセリングは後に来談者中心カウンセリング（client centered counseling）という名に改められた。

　「タテ社会」、「権威主義」、「上下関係」を好む日本人にとってロジャーズの人間観は容易には浸透しないようである。

4. ことばと非言語によるコミュニケーションのレッスン

　コミュニケーション（communication）という語は、深田（1999）によれば、（1）自己と他者の相互作用過程、（2）意味伝達過程、（3）他者による自己への影響過程を強調する概念であるという。この定義によると、人間関係はまさにコミュニケーションであり、円滑で正確な情報伝達、他者からのよい影響があれば人間関係は良好であるということになる。

　ヒトのコミュニケーション表現形態は、ことばと非言語とに大別できる。ここで、ことばと非言語のコミュニケーションの難しさを学んでみたい。

（1）ことばによるコミュニケーション

　ことばの語源は、「こと」（事）の「は」（葉、部分）の合成語といわれている。カウンセリングにおいて、ことばは、クライエントの心を理解するためだけではなく、クライエントの吟味、整理、自己主張、自己表現、自己理解、思考、想像、雑談、暴露、戯言、遊びのためなどに用いられる。

　*フロイト（Freud, S. 1912）は、ことばを、「魂を治療するための本質的な工具」ととらえ、ロジャーズ（Rogers, C. R. 1951）は、「経験それ自体の意味を告げるものとして用いられる」ととらえ、重視している。

　これから、ことばによる自分についての表現力、語いの習得、ことばからとらえる人間関係の推測、ことばによる人間関係の促進力をレッスンしてみよう。

レッスン4　　あなたはどんな人？　　　　　　　（所要時間：10分間）

　あなたは、どんな人だろう。次のことばに続けて、あなた自身についての文章を完成させてみよう。

4. ことばと非言語によるコミュニケーションのレッスン

① 私の楽しみは、＿＿＿＿＿＿＿＿＿＿＿＿＿＿＿＿＿＿＿＿＿＿＿＿＿＿

　　＿＿＿＿＿＿＿＿＿＿＿＿＿＿＿＿＿＿＿＿＿＿＿＿＿＿＿＿＿＿＿＿

　　＿＿＿＿＿＿＿＿＿＿＿＿＿＿＿＿＿＿＿＿＿＿＿＿＿＿＿＿＿＿＿＿

② 私が誇りに思うことは、＿＿＿＿＿＿＿＿＿＿＿＿＿＿＿＿＿＿＿＿＿

　　＿＿＿＿＿＿＿＿＿＿＿＿＿＿＿＿＿＿＿＿＿＿＿＿＿＿＿＿＿＿＿＿

　　＿＿＿＿＿＿＿＿＿＿＿＿＿＿＿＿＿＿＿＿＿＿＿＿＿＿＿＿＿＿＿＿

③ 今の心配は、＿＿＿＿＿＿＿＿＿＿＿＿＿＿＿＿＿＿＿＿＿＿＿＿＿＿

　　＿＿＿＿＿＿＿＿＿＿＿＿＿＿＿＿＿＿＿＿＿＿＿＿＿＿＿＿＿＿＿＿

　　＿＿＿＿＿＿＿＿＿＿＿＿＿＿＿＿＿＿＿＿＿＿＿＿＿＿＿＿＿＿＿＿

④ 私が不満に思うことは、＿＿＿＿＿＿＿＿＿＿＿＿＿＿＿＿＿＿＿＿＿

　　＿＿＿＿＿＿＿＿＿＿＿＿＿＿＿＿＿＿＿＿＿＿＿＿＿＿＿＿＿＿＿＿

　　＿＿＿＿＿＿＿＿＿＿＿＿＿＿＿＿＿＿＿＿＿＿＿＿＿＿＿＿＿＿＿＿

⑤ 悲しいとき私は、＿＿＿＿＿＿＿＿＿＿＿＿＿＿＿＿＿＿＿＿＿＿＿＿

　　＿＿＿＿＿＿＿＿＿＿＿＿＿＿＿＿＿＿＿＿＿＿＿＿＿＿＿＿＿＿＿＿

　　＿＿＿＿＿＿＿＿＿＿＿＿＿＿＿＿＿＿＿＿＿＿＿＿＿＿＿＿＿＿＿＿

レッスン

⑥ 私の学業（仕事）は、＿＿＿＿＿＿＿＿＿＿＿＿＿＿＿＿＿＿＿
　　　＿＿＿＿＿＿＿＿＿＿＿＿＿＿＿＿＿＿＿＿＿＿＿＿＿＿＿＿
　　　＿＿＿＿＿＿＿＿＿＿＿＿＿＿＿＿＿＿＿＿＿＿＿＿＿＿＿＿

⑦ いま、私は、＿＿＿＿＿＿＿＿＿＿＿＿＿＿＿＿＿＿＿＿＿＿
　　　＿＿＿＿＿＿＿＿＿＿＿＿＿＿＿＿＿＿＿＿＿＿＿＿＿＿＿＿
　　　＿＿＿＿＿＿＿＿＿＿＿＿＿＿＿＿＿＿＿＿＿＿＿＿＿＿＿＿

⑧ 昔の私は、＿＿＿＿＿＿＿＿＿＿＿＿＿＿＿＿＿＿＿＿＿＿＿
　　　＿＿＿＿＿＿＿＿＿＿＿＿＿＿＿＿＿＿＿＿＿＿＿＿＿＿＿＿
　　　＿＿＿＿＿＿＿＿＿＿＿＿＿＿＿＿＿＿＿＿＿＿＿＿＿＿＿＿

⑨ 私の未来は、＿＿＿＿＿＿＿＿＿＿＿＿＿＿＿＿＿＿＿＿＿＿
　　　＿＿＿＿＿＿＿＿＿＿＿＿＿＿＿＿＿＿＿＿＿＿＿＿＿＿＿＿
　　　＿＿＿＿＿＿＿＿＿＿＿＿＿＿＿＿＿＿＿＿＿＿＿＿＿＿＿＿

⑩ 私の性格は、＿＿＿＿＿＿＿＿＿＿＿＿＿＿＿＿＿＿＿＿＿＿
　　　＿＿＿＿＿＿＿＿＿＿＿＿＿＿＿＿＿＿＿＿＿＿＿＿＿＿＿＿
　　　＿＿＿＿＿＿＿＿＿＿＿＿＿＿＿＿＿＿＿＿＿＿＿＿＿＿＿＿

4. ことばと非言語によるコミュニケーションのレッスン

レッスン5　語いテスト　　　　　　　　　　（所要時間：5分間）

以下の語いに近い意味の語いを思い浮かべて、できるだけ多く書いてみよう。

① 悲しい　_____

② さびしい　_____

③ 楽しい　_____

④ 憎らしい　_____

⑤ たくましい　_____

レッスン6　会話からの推測　　　　　　　　（所要時間：5分間）

次の会話を読んで、あとの質問に答えてみよう。

① A　あーもう、就職試験また落ちちゃった！　あー、私って本当にダメね
② B　……えっ、　ア
③ A　今、不況でなかなか就職ないもんね。ここまで落ちるの私だけかな
④ B　今、不況だからね。私の時代とはちがうもんね
⑤ A　また、落ちるかもね。コネある人はいいよね。どうしたらいいの？
⑥ B　うーん、でもまだ卒業まで6カ月あると思って希望をもたないとね
⑦ A　まーね、決まった人っているのかなあ
⑧ B　うーん、いると思うよ。皆、がんばっているんじゃないの？
⑨ A　そう。私のゼミの友だちもひとり採用されたらしいの
⑩ B　ああそう、　イ
⑪ A　うん
⑫ B　とにかくがんばってみたら

29

レッスン

⑬　A　はい、努力ですね
⑭　B　うん、まあそうだね
⑮　A　でも、逆に考えればさ、学生だから働きたくない感じも……
⑯　B　でも今、決めておかないとさあ、先が
⑰　A　努力しろって
⑱　B　うーん、何でも勉強でしょ

Q1　会話をしているふたりの人間関係はどんな関係だろうか。
　例：教員と学生との関係

―――――――――――――――――――――――――――

Q2　あなたなら　ア　の部分でどんなことばをかけるだろうか。

―――――――――――――――――――――――――――

Q3　あなたなら　イ　の部分でどんなことばをかけるだろうか。

―――――――――――――――――――――――――――

ティータイム　《心理療法と宗教》

　心理療法と宗教とは強い関連がある。各心理療法の創始者の生育歴から、創始者は、信者であることがわかる。ロジャーズ（Rogers, C. R.）は、プロテスタントのクリスチャンであり、大学時代には牧師になる準備をしている。また、ユング（Jung, C. G.）は、父親がプロテスタント教会の牧師であり、その影響力は強く、フロイト（Freud, S.）は、ユダヤ人であった。わが国の森田療法を創始した森田正馬の生育歴から仏教の影響力がその治療法にも反映している。また、内観療法の創始者吉本伊信も浄土真宗の影響が強い。

4. ことばと非言語によるコミュニケーションのレッスン

> レッスン4のふり返り

　自分についての自己表現力をみるものである。自分について、よくわかっているつもりでも、ことばで表現することはなかなか難しいと感じたのではないだろうか。事実の表現（たとえば、身長が160 cmであるとか、長崎県出身である、など）よりも気持ちの表現（たとえば、ピアノをひく時、いつも明るい気持ちであるとか、彼のことを思うと気持ちが沈む、など）が多いほうが表現力があるととらえられる。

　また、表現量が少ない場合、自分についてよく知らないというとらえ方ができる。精神分析学的にとらえると、レッスンに示した刺激語に対して*抑圧（repress）された無意識の心のこだわり（complex）があるのかもしれない。そのあたりを考察してほしい。

　事実の表現が多かったり、表現量が少なかった人は、自己理解を深めるために、日常生活において、日記をつけたり、思ったことや感じたことを書き留めるなど、自分の気持ちをことばで表すことを心がけよう。

> レッスン5のふり返り

　あなたの語い力をみるものである。同じような気持ちを表すにも、いろいろなことばの表現があることがわかっただろうか。

　多く書けた人は、語い力があるといえる。少ない人は、語い力をつける努力、たとえば読書を多くするとか、辞書を頻繁にひくなどのことをしよう。1つの項目につき、3つ以上書けたらよい。

例：① 悲しい　　嘆かわしい、あわれ、悲嘆、悲哀、感傷、傷心
　　② さびしい　　わびしい、もの静か、もの悲しい、心細い、静寂
　　③ 楽しい　　おもしろい、快い、気持ちよい、ウキウキ、愉快、爽快
　　④ 憎らしい　　憎い、つらい、いやらしい、こしゃく、憎々しい
　　⑤ たくましい　　タフ、強壮、頑強、強健、頑丈、屈強、強い

レッスン

> レッスン6のふり返り

　Q1は、人間関係のあり方を推測する質問である。④の過去との比較、⑫の激励、⑬と⑭のやりとり、⑰と⑱のやりとりから、Aは妹（後輩）、Bは姉（先輩）であると思われる。人間関係のあり方を推測するレッスンとして、たとえばテレビドラマを無声音にして見ていき、あとでどのような人間関係なのかを当てていくことがあげられる。

　Q2は、ショッキングな告白があった場合、相手の心をどう受容して、話を進めるかをみる質問である。「また、落ちたの」、「ダメねえ」、「そう」、「へえーっ」、「やっぱり」などは相手の心を受容した答えとはいえない。「落ちちゃったの」、「がっかりね」、「どうして」、「あれだけ努力したのに」、「本当なの」などは、相手の心を受容している発言といえる。

　Q3は、やりとりの文脈から相手を支持（support）することができるかどうかをみる質問である。「そんな人もいるの」、「まれな例ね」、「不況なのにねえ」などは相手を支える答えとはいえない。「その人みたいにがんばってみては」、「その人にいろいろ、聞いてみたら」、「これからも多く採用されるかも」、「あなたも希望をもって」、「がんばっている人もいるのよ」などは相手を支える答えといえる。

（2）非言語によるコミュニケーション

　ナップ（Knapp, M. L. 1972）によれば、非言語的行動（non-verbal behavior）とは、（1）動作行動（ジェスチュア、身体の部位の動き、姿勢、顔の表情、目の動きなど）、（2）接触行動、（3）身体特徴（体格、容姿、口臭、皮膚の色など）、（4）準言語（話し方、声の質、ため息、沈黙など）、（5）空間行動（位置のとり方、配置のし方など）、（6）人工物（衣服、香水、めがね、口紅など）、（7）環境要因（とくに建築様式、室内装飾、照明、騒音、音楽など）、のことをいう。非言語的コミュニケーションは、このうち（1）、（2）、（4）、（5）、（6）を指す。バードウィステル（Birdwistell, R. L. 1970）は、日常のコミュニケーションにおいて、その重要性は非言語のほうがことばよりも大きいことを示し、メーラビアン（Mehrabian, A. 1967）らは、対人認

4. ことばと非言語によるコミュニケーションのレッスン

表14 さまざまなコミュニケーション手段の一長一短

手段	媒介	交信の場所の自由度	あとで見られる/聞ける	遠方に通じる	保存できる
直接会って話す	ことば／非言語	○	×	×	×
手紙	文字／図	○	○	○	○
電話（留守録なし）	音声	×	×	○	×
電話（留守録あり）	音声	×	○	○	○
携帯電話（メール機能なし）	音声	△	△／○	○	△／○
インターネット通信（据え置き型パソコン）	音声／文字／図	×	○	○	○
インターネット通信（メール機能付携帯電話）	音声／文字／図	○	○	○	○

注：○は可能、×は不可能、△はどちらともいえない、を意味する。

知の研究から、

　　知覚される態度 = 0.07（ことば）+ 0.38（音声）+ 0.55（表情）

という公式を打ち出している。

　ところで最近、コミュニケーションをとる手段として、携帯電話、インターネットなど新しい手段が次々に現れている。表14は、さまざまなコミュニケーション手段の一長一短をまとめたものである。手段の一長一短を考えて相手との心のコミュニケーションをしていく必要があることがわかる。

　表15は、菅野（1987）によるカウンセリング場面での非言語的行動のリストである。時間的行動、空間的行動、身体的行動、外観、音声に大きく分けられ、多くの非言語的行動の視点があることがわかる。カウンセリングにおいて、それら多くの視点ひとつひとつに注目する必要がある。たとえば、面接の予約時間に遅れて来るのか、早く来るのか、ちょうどぴったりの時刻に来るのかによって、そのクライエントのパーソナリティや、カウンセラーとクライエントの関係などがわかる。また、語調や話す速さ、声の大きさなどは、クライエントを理解する手がかりとして重要であるし、服装や髪型、化粧などからはことばではわからない情報をたくさんつかむことができる。

レッスン

表15 非言語的行動のリスト（菅野 1987）

1. 時間的行動	（1） 面接の予約時間（遅れて来る／早く来すぎる） （2） 面接の打ち切り時間（打ち切りたがらない／早く打ち切りたがる） （3） 肝心の話題に入るまでの時間 （4） 話の総量・グループ面接の場合は話の独占量 （5） 問いかけに対する反応時間（沈黙／など）
2. 空間的行動	（1） 面接者や他のメンバーとの距離 （2） 座る位置 （3） かばんなど、物を置く位置
3. 身体的行動	（1） 視線・アイコンタクト（凝視する／視線をそらす／など） （2） 目の表情（目をみひらく／涙ぐむ／など） （3） 皮膚（顔面蒼白／発汗／赤面／鳥肌／など） （4） 姿勢（頬づえをつく／肩が上がったままこわばる／うつむく／身をのり出す／腕を組む／足を組む／半身にそらす／など） （5） 表情（無表情／顔をしかめる／微笑む／笑う／唇をかむ／泣く／など） （6） 身振り（手まねで説明する／握りこぶし／肩をすくめる／など） （7） 自己接触行動（爪を噛む／体を掻く／髪をいじる／鼻をさわる／口をさわる／指を組み合わせる／など） （8） 反復行動（貧乏揺すり／体を揺する／手による反復行動／ボタン・服・ハンカチなどをもてあそぶ／鼻をかむ／など） （9） 意図的動作（指さす／〈同意〉のうなずき／〈否定〉の頭ふり／メモをとる／など） （10） 接触（注意をうながすために相手にさわる／握手する／など）
4. 外観	（1） 体型 （2） 服装（派手／地味／慎み深い／きちんとした着こなし／だらしない着こなし／アンバランスな着こなし／など） （3） 髪型（よく変わる／変わらない／手入れが行きとどいている／手入れが行きとどいていない／など） （4） 化粧（有・無／濃い／薄い／若作り／セクシー／など） （5） 履物 （6） 携行品
5. 音声	（1） 語調（明瞭／不明瞭・口ごもる／声をひそめる／よわよわしい／抑揚がない／子どもっぽい／吃る／など） （2） 音調（ハスキー／かん高い／低い／など） （3） 話し方の速さ （4） 声の大きさ （5） ことばづかい（正確／不正確／かたい／やわらかい／ていねい／ぞんざい／ことばづかいの一貫性／など）

4. ことばと非言語によるコミュニケーションのレッスン

レッスン7～9から、非言語的行動が相手と関わっているという実感を生むこと、相手との物理的距離が心理的に影響を与えていること、及びことばによる表現と顔の表情の不一致が違和感を生むことを学んでみよう。

レッスン7　対面の実感　　　　　　　　（所要時間：15分間）

　ランダムにふたりのペアを組む。ペアの一方が、図5の（a）に示すように後ろ姿で以下の文章を読む。それをペアのもう一方が、相手の後ろから聞く。
　次に図5の（b）のような対面法で互いに向き合って同様にあとの文章を一方が身ぶり、手ぶりを入れて感情を込めて読みあげてみよう。聞いた相手は、後ろ姿をみて聞いた時と対面法で聞いた時の違いを感じとってみよう。これを交代して行う。

〈発表者　男子の場合〉

　兄きが、鏡の前で髪の毛を染めている時に、オレが見ていたんだ。それで「なかなかうまくいかんね」と言うと、ものすごく怖い目でにらみつけて……「見るな、アホ」と言って、ブラシでオレをたたいたんだ。その時に、しないでくれと言おうとしたけど、声が出なくて……。それから、兄きがデートに行く時にヘンなTシャツを着ていたんで、「それ、似合わないよ」と言ったら、急に怒って「お前なんか見たって、わからないよ、アホ」と言って、ぶんなぐろうとした。兄きからなぐられると、そうとうきいて、なぐられたらはれてしまうんだ。

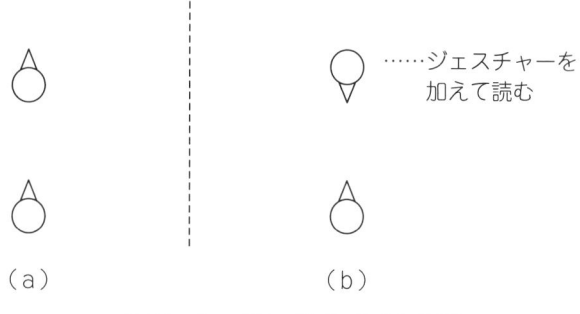

図5　レッスン7のペアの位置

レッスン

〈発表者　女子の場合〉

　兄が、鏡の前で髪を染めている時に、私、見ていたんです。それで「なかなかうまくいかないね」って言ったら、ものすごく怖い目でにらみつけて……。「見てるんじゃないよ、ブス」って言いながら、ブラシで私をぶちに来たんです。その時に、しゃがみこんで、私をぶたないで……って言おうとしたけど、声が出なくて……。それから、兄がデートに行く時にヘンなTシャツを着ていたので、「それ、似合わないよ」って言ったら、急に怒って「お前なんかが見たって、わからないんだよ、ブス」って言いながら、やっぱり私をぶとうとしたんです。兄が私をぶつと、いつもとても痛くて、ぶたれたところがアザになってしまうんです。

　　感想：
　　　　　―――――――――――――――――――――――――

　　　　　―――――――――――――――――――――――――

　　　　　―――――――――――――――――――――――――

　　　　　―――――――――――――――――――――――――

レッスン８　　あなたのパーソナルスペースは？　　（所要時間：１５分間）

　ペアを組んで図５の（ｂ）のような対面法をとり、最初は、できるだけ遠く離れてペアの一方が、先の文章を読みあげる。次にできるだけ近くなって同じ文章を読む。２回の距離の違いから聞くほうはどんな感じがしたかを感じとる。これを交代して行う。
（注：レッスン７と続けて行う場合は違うペアで行うとよい）

　　感想：
　　　　　―――――――――――――――――――――――――

4. ことばと非言語によるコミュニケーションのレッスン

―――――――――――――――――――――――――――――

―――――――――――――――――――――――――――――

―――――――――――――――――――――――――――――

| レッスン９ | 表情とことばの矛盾 | （所要時間：１５分間） |

ペアを組んで一方が、先の文章をできるだけ微笑を多くして読む。聞くほうはどんな感じがするかを感じとろう。これを交代して行う。
（注：レッスン７、８と続けて行う場合は違うペアで行うとよい）

感想：

―――――――――――――――――――――――――――――

―――――――――――――――――――――――――――――

―――――――――――――――――――――――――――――

―――――――――――――――――――――――――――――

レッスン７のふり返り

　図５の（ａ）と（ｂ）の違いによって、非言語的行動刺激の効果を経験できただろうか。声だけの刺激はあまりインパクトがないことを感じただろうか。身ぶり、手ぶりの表現効果を感じただろうか。

　また、文章をあなたの出身地の方言（dialect）で表現すると、さらにペアとの親密感を感じるので試してみよう。

レッスン

> レッスン8のふり返り

　距離の遠さ、近さによって同じことを聞いてもその感じは違うはずである。また、個人によって対面しやすい距離は違うものである。あなたのくつろげるヒトとの距離はどの程度だろうか。これを*パーソナルスペース（personal space）という。

> レッスン9のふり返り

　社会学者のベイトソン（Bateson, G. 1972）は、*二重拘束（double bind）、つまり母子関係において母親の述べる内容と態度が相矛盾する場合、子どもはこの2つのメッセージを混乱してとらえることを指摘している。レッスン9のねらいは、ことばでは、兄から被害を受けたつらさを言うものの、態度は微笑しているという矛盾からどんな感じをもつかを学ぶものである。ヒトは態度のほうを重視するのではないだろうか。

ティータイム　《メディア媒体を活用したカウンセリングの一長一短》

　昨今のカウンセリングのあり方は、日々、変化している。とくにインターネットや電子メール、携帯電話などのメディア媒体を活用したカウンセリングが広まっている。カウンセリングルームで毎週1回、1時間ぐらい直接会ってカウンセリングを行う方法は、今や古典的であるという臨床家もいる。

　メディア媒体を活用したカウンセリングのメリットは、いつ、どこでもカウンセリングができ、クライエントに多くの情報が提示でき、しかも瞬時に提供できることである。しかし、カウンセラーとの非言語的交流ができず、クライエントの秘密の厳守が徹底できないというデメリットもある。メディア媒体のカウンセリングは始まったばかりでまだわからない点が多い。

　クライエントとの真の心の交流をめざすカウンセリングにおいて、非言語的交流と治療構造の厳守は重要であると思われる。

5. グループでのロールプレイのレッスン

（1） ロールプレイング

　ロールプレイング（role playing）とは、ロールプレイともいい、（1）演劇上のもの、（2）社会学上のもの、（3）人をはぐらかそうとする嘘の行動、（4）教育的なもの、の4つの意味がある。カウンセリングや心理療法上でのロールプレイングは、（4）の意味であり、①現実に近い場面をつくり、相手の診断や理解をするため、②その時、どう行動すべきかをモデルとして見せるため、③ドラマチックな場面をつくり、その人に演じてもらい、真実の体験を学ぶため、④自分自身をある人に演じてもらうため、の4つの目的がある。ロールプレイは、失敗してもよいという安心感があって、共感性の訓練になる、人間関係のリハーサルができる、というメリットがある。

　モレノ（Moreno, J. L.）に始まる*心理劇（サイコドラマ：psychodrama）には、③や④のねらいがあり、ロジャーリアンがよく行うカウンセリングロールプレイ（役割演技と訳す）では、カウンセラー役とクライエント役の両方を交互に演じてもらい、①と②をねらいとすることが多い。

　ここでは、1対1という関係ではなく、グループの中で自分のあり方がどのようにとらえられるか、また相手の立場や気持ちを理解することがいかに難しいかを学んでみたい。グループで行うメリットは、特定の人がとらえたあなたではなく、さまざまな人たちがとらえたあなたをみられることである。

（2） 関与しながらの観察

　*サリバン（Sullivan, H. S. 1954）は、心理療法における面接（interview）で、治療者の重要な態度として「関与しながらの観察」（participant observation）をあげている。これには、深い意味がある。「関与しながら」、相手と互いの主観的世界を交流しながら、「観察」、第三者として相手を客観的

にとらえるという相矛盾する態度をとらなければ本当の面接にならないということである。面接態度の主観と客観という二面性とその統合の困難さを示しているといえよう。また、面接場面での観察は、ビデオやテープレコーダーによる自然科学的観察とは異なって、面接者の主観やパーソナリティが介入しやすいことを意味している。サリバンは、「ふたりの人間がいっしょに話をする時に、互いに相手の相互作用の影響を免れたためしはない」と述べている。レッスン10、11、12、13は、ロールプレイを通してサリバンのいう関与のあり方と観察のあり方を学ぶものである。

レッスン10　役割交換法　　　　　　　　（所要時間：３０分間）

　ランダムに5人のグループをつくる。5人のグループは円座で椅子に座って向き合う。グループは話し合って1対1のペアを選び、残りの3人は観察者として図6のようにペアを囲んで座る。

　エピソードを全員が読み、ペアの一方が校長役、もう一方が太郎の母親役となる。校長役は、母親役に太郎に対する態度を変えてほしいと述べる。母親役は、学校側に問題があると主張し、自分の態度を変えてほしいという校長役のことばに抵抗を示す。このやりとりをペアで行う。観察者は、ふたりをよく観察する。観察者のひとりが時間を測り、2分間ペアでやりとりをしてもらい、その後、校長役と母親役の「役割交換」を告げる。これを2分間×4回、合計8分間行う。その後、20分間ぐらいかけて5人で感想を話し合う。できるだけその役になりきることが大切である。

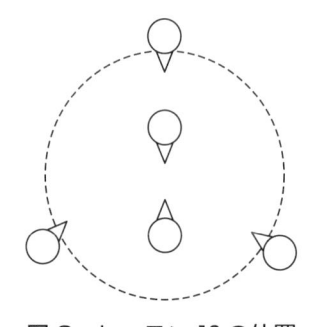

図6　レッスン10の位置

5. グループでのロールプレイのレッスン

エピソード〔レッスン 10、11、12 共通〕

中学 2 年生の太郎は、学校でいつもいじめられていた。学校側は、いじめる生徒にも問題はあるが、太郎にもわがままであったり、協調性がないという問題があり、それを太郎の母親にわかってもらい、母親の過保護を改めてほしいという願いがあった。太郎の母親は、過保護であることに気づいていない。太郎がいじめられるのは学校側の問題ととらえている。

感想：

―――――――――――――――――――――――――――

―――――――――――――――――――――――――――

―――――――――――――――――――――――――――

―――――――――――――――――――――――――――

―――――――――――――――――――――――――――

レッスン11　分身法　　　　　　　　　（所要時間：45分間）

エピソードとグループはレッスン 10 と同様。レッスン 10 と続けて行う場合は、校長役、母親役はそのままで、今度は、観察者の中からひとり、校長役の「分身」役を選ぶ。「分身」役は、校長役の後ろに座り、校長役の人が実際には言えないホンネを母親役とのやりとりの過程で言う。母親役は分身役とやりとりをしてはいけない。校長役とだけやりとりをする。母親役と校長役とのやりとりの内容は、レッスン 10 と同じでもかまわない。校長役と母親役のやりとりに分身役が発言をしていく。3 人の観察者全員が、分身役になり、各 1 回 5 分間行う。全員が終了したら、30 分間ぐらいかけて、分身役の発言内容が、校長役の気持ちと一致していたか、母親役は分身役のことばにどのように反応し、どう感じたか、などを話し合う。

レッスン

感想：

レッスン12　　鏡映法　　　　　　　　（所要時間：45分間）

　グループのメンバーはそのままで、新しく母親役と太郎役を選ぶ。
　結局、母親は、校長の説得通り太郎への態度を変えることになる。今度は、家庭で太郎への態度を変えると明言する母親役とそのことに驚き、いじめた生徒がわるいと主張する太郎役とのやりとりを行う。3人の観察者の中から、ひとりの母親役の「鏡映者」、つまり母親役の感情をとくにオーバーに表現する役の人を選ぶ。鏡映役は、母親役の後ろに座り、上記のやりとりを5分間行う。その過程で鏡映役は、母親役の感情の表現をする。太郎役は鏡映役とやりとりをしてはいけない。レッスン11と同様に観察者はひとり1回鏡映役を行う。全てが終了したら、30分間ぐらいかけて、鏡映役の表現が、母親役の感情と一致していたか、また、太郎役は鏡映役の表現にどのように反応し、どう感じたのか、などを話し合う。

感想：

レッスン13　二重自我法　　　　　　　　　　　（所要時間：40分間）

　グループのメンバーはそのままで、レッスン12で母親役をしたメンバーが、円座の中央に座る。レッスン12が終了した時点で、母親は、自分の中に葛藤が生じているはずである。観察者4人は、ひとりずつ母親役の分身となって各4分間、中央に母親役と背中合わせに座り、母親役の心の中のふたりの自分のやりとりを母親役と分身役とで行う。全てが終了したら、ふたりのやりとりについて20分間ぐらいかけてメンバーで話し合う。

　感想：

レッスン

> レッスン 10 のふり返り

　何回も役割交換を行う中で、役を演じた人は、相手の立場や気持ちがわかっただろうか。また、観察者は、役割交換の中で役者の発言の不自然さや非言語的態度の特徴をとらえただろうか。

> レッスン 11 のふり返り

　分身役は、校長役の本当の分身となっただろうか。なったかどうかについて、ふたりでのやりとりと観察者の観察内容が一致しているかどうかも大切である。また、母親役は、分身役の登場によってどの程度、傷つき、圧倒されただろうか。分身役によって母親役にとっての校長役のイメージがどのように変化しただろうか。観察者は、母親役の心をどのようにとらえただろうか。

> レッスン 12 のふり返り

　鏡映役は、今まで通り太郎を可愛がりたい気持ちと、校長の言う通り過保護にしないで太郎をつき放していじめられないような子どもにすべきだと思う気持ちの葛藤を、うまく表現できただろうか。太郎役は、鏡映役の登場によって母親役の気持ちがよくわかっただろうか。また母親役は、鏡映役の表現によって助かっただろうか。観察者は、それぞれの役の発言の個人差をよく観察しただろうか。

> レッスン 13 のふり返り

　母親役の自分の今までの太郎に対する態度がよかったのかわるかったのかという葛藤、また校長発言への不信感、家に帰って太郎に厳しく冷たく言ってしまった罪悪感や葛藤、これから太郎にどう接すべきかの葛藤などの心の中の内容が、もうひとりの母親役の登場によって明らかにされただろうか。葛藤がなく、これで解決したというような的外れの発言は、これまでのレッスンの流れがつかめていないといえる。

また、観察者は、心の葛藤を言語化していく難しさを学んだだろうか。母親役は、もうひとりの自分を演じた役の発言と葛藤内容の一致を経験しただろうか。

　二重自我法は、カウンセリング場面での、矛盾する、葛藤する自己の直面（confrontation）、また*ゲシュタルト療法（Gestalt therapy）でのセンタリング（centering）、つまり葛藤しているふたりの自分を互いに聞き合い、理解し合うことと同義であり、重視されている。

> **ティータイム**　《自己受容と自己実現》
>
> 　自己受容（self acceptance）とは、他者からの評価に支配されず、受けいれ難い自己もありのままに受けいれることをいう。カウンセリング過程でカウンセラーの援助により自己を冷静にみつめ、卑下したりゆがめたりすることなく自己への肯定感を高めることが自己受容である。
> 　自己実現（self actualization）という語はさまざまな臨床家が定義しているが、ロジャーズ（Rogers, C. R.）は、有機体の経験のうち、自己というものに象徴される部分を実現化することを自己実現傾向といっている。
> 　しかし、ロジャーリアンの問題点として、自己のさまざまな側面をありのままに受けいれる心の強さ（自我の強さ：ego strength）を考慮してカウンセリングを行うことを軽視している点、また、自己実現を強調するあまり、社会化（socialization）形成がおろそかになっている点があげられる。フランクル（Frankl, V. E.）は、自己実現への過度の関心は自己破綻をまねくと説いている。

6. カウンセリングスキルのレッスン

（1） ラポールの形成と面接の進め方

　ロジャーズ（Rogers, C. R.）が創始した来談者中心カウンセリング（非指示的カウンセリング）は、自ら心の問題を自覚し、何とかしようと来談する自主来談のクライエントが主な対象であった。問題解決療法では、このようなクライエントをカスタマー（customer）という。実際の臨床現場では、第三者から問題視され、呼び出されてカウンセリングを受けるクライエントが多い。このようなクライエントを問題解決療法では、コンプレイナント（complainant）、つまり問題を他者や外界のせいにして不満を述べるクライエント、あるいはビジター（visitor）、つまり問題の自覚がなく、受身的に来談するクライエントという。

　一般にカウンセラーは、コンプレイナントやビジターと関わる際、ラポール形成の困難さに直面しやすい。その打開のためには、臨床経験を重ねることやスーパービジョンを受けることが必要である。カウンセラーは、コンプレイナントやビジターに対し、まず、クライエントが無理やりにカウンセリングを受けることのつらさや抵抗を受けとめていかなければならない。表16は、コン

表16　来談動機の希薄なクライエントに用いる初期のスキル（長尾 1991）

（1）　カウンセラーによる自問自答
カウンセラーのある質問に対して、クライエントが答えないで沈黙が長く続いたような場合に、カウンセラーがクライエントの立場に立って考えをめぐらし、自らその答えと思われるものを声を出して言ってみることにより、ふたりで考える状況をつくること
（2）　カウンセラーによる踊り
今、生きているクライエントの最大の関心事、あるいは興味や好奇心に話題を焦点づけて、カウンセラー自らが、それに関しての話題を提供したり、クライエントの話題に即応して少し大袈裟に反応すること

プレイナントやビジターのクライエントとラポール形成をしていくスキル（skill）の一例である。

ラポール形成のポイントとして、クライエントの述べることをよく受けとめ、その後、表16のようなスキルによってクライエントに少しずつ関わることがあげられる。

カウンセリングを進めていくにあたっては、ラポールがある程度形成されたあと、どのようにカウンセリングの教示をするかがその後のカウンセリングのあり方を左右しやすい。

精神分析療法では、クライエントと面接場所、時間、料金、秘密の厳守、*行動化（acting-out）の禁止などの治療構造を固めたあと、クライエントに「自由に思い浮かぶことを述べてください」という自由連想（free association）的教示を与えることがある。また、問題解決療法では、主にライフイベント（life events）で生じた問題について治療者がクライエントに「ふたりで問題を解決していきましょう」と教示する。ここでいう問題（problem）とは、○○恐怖とか「○と別れたほうがよいか別れないほうがよいか」、不登校状態をどうするかといった、自覚的で、環境・外界との交流上で生じているわかりやすい皮相的な内容の問題であることが多い。

精神分析療法やロジャーズ流のカウンセリングは、かなりクライエントのプライバシーに侵入し、皮相的な問題ですら解決もできないまま、長期の治療期間を要しているという批判もある。しかし、筆者は、心の問題は単純ではなく、クライエントと深い信頼関係を形成して問題を煮つめて手づくりの解決をしていくものであると考えている。したがって、カウンセリングのテクニック（technique）、つまりその場でマスターする技術という語を用いずにスキル、つまり何回も何年もレッスンをしてマスターする技能という語を用いる。

ロジャーズ流のカウンセリングを進める教示の前提として、クライエントとよい関係、よい出会い（encounter）、ラポールが深まればそのこと自体が治療であるという考え方がある。したがって「ここでこれから話し合って自分の気持ちを整理してみてください」とか「あなたの気持ちになって少しでも援助できたらと思います」、あるいは「しばらくお話しして、自分を明らかにしていきましょう」といった曖昧な方向性の教示が多い。

カウンセリングの目標は、初回で設定しにくいことが多い。心の問題は複雑

レッスン

であることが多いので、しばらくはクライエントの情報や気持ちを聞きながら、カウンセリングの目標について、ふたりで話し合っていくほうがよい。カウンセリングの進め方の教示として、「はじめの2～3回は、あなたの悩み、問題をじっくり聞いてカウンセリングの目標をいっしょに決めていきましょう」などがある。目標が決まったら、カウンセラーはクライエントの問題解決への支援とクライエントの心のさらに深い理解をしていく。

本章の2.-（2）（p.8～11）において、ロジャーズのカウンセリングの理論について述べた。表8（p.10）では、彼の提案したカウンセリングのスキルの一部（受容、くり返し、明確化）の発言例を示した。ここでは、それらのカウンセリングスキルを、レッスンを通して理解していこう。

（2） 共感と純粋性

共感（empathy）とは、他者の気持ちをその人の身になって感じとり、理解することであり、どの心理療法においても重視される。日常、他者の気持ちに共感していくとき、ことば、顔の表情、おかれている状況などから推測している。

ヒトの共感能力は、乳児が母親の表情を模倣する人生早期に生じ、6歳頃には他者の気持ちがかなり推測できるようになるという。共感と似た語である同情（sympathy）は、自他未分化な感情の一体を意味し、同一化（identification）は、無意識的に他者の属性を取り入れることを意味している。精神分析学派のコフート（Kohut, H.）も治療において共感を重視しているが、ロジャーズのいう気持ちの共感よりも無意識的世界もふくめた他者の内的世界について意図的に治療者が関わろうとする姿勢を強調している。カウンセリングにおいては、どのようなクライエントに対しても共感すべきであるといわれているが、クライエントの強迫行為や強迫観念、あるいは特殊な反社会的行為の背景にある気持ちに共感することは困難である。

わが国の国民性として、人間関係においてウチとソトとを使い分ける文化がある。日本人は、ソトでは皮相的、形式的人間関係を、ウチでは共感を重視した人間関係を形成し、共感能力が高い国民としてとらえられている。また、実際に他者のために無償で何らかの援助をする*愛他的行動（altruistic behavior)、あるいは向社会的行動（pro-social behavior）に関する研究から、ヒトは、たとえ共感していても即、他者を援助するとは限らないことが明らかにされている。

　一方、ロジャーズ（1957）のいう純粋性（genuiness）とは、図3（p.11）で示した自己概念と経験との一致（congruence）を意味している。つまり、現に経験している気持ちとその時の実際のことばや行動、表情とがあるがままに一致していれば適応感を生むが、不一致な場合においては不適応感があるという見解である。カウンセリングにおいて、クライエントの気持ちにカウンセラーが共感し、その共感できた純粋な気持ちを返す、フィードバックすることを純粋性という。キャッチボールにたとえるならば、相手の投げたボールをうまくキャッチする（共感）、そしてそのボールを真っすぐに投げ返す（純粋性）というやりとりの中で、クライエントは自己概念を変化させて経験をあるがままに受けとめて適応していくということがカウンセリングなのである。純粋性が適切に果たされるためには、ことばによる表現力のレッスンであるレッスン4〜6を重ねることが必要である。共感と純粋性とは、クライエントの気持ちを受けとめて返すという表裏一体の関係である。

　では、共感と純粋性のレッスンを行ってみよう。

レッスン14　共感のレッスン　　（所要時間：３０分間）

次の文章を読んで、どんな気持ちかを推測して共感してみよう。

① 　カウンセラーとクライエント（大学生男子、寮での長期のひきこもり）とのやりとりである。久しぶりにクライエントの母親がクライエントの寮に来た時の話をしている。
　　クライエント「母は、しつこく言うし、なぜ学校へ行かないのかと、母がそれを言えば言うほど腹が立ちました。もうその話はやめろと言いました。それでも母が言うのでどなりました。自分でもどうしていいか……そして帰ってくれと言いました」

レッスン

クライエントの気持ちは _____

_____

_____

② 28歳の未婚女性A子さんが、10年間交流のあった親友の女性に突然絶交された時の話である。
　　A子さん「一番の親友を失いました。なぜなのか……どうも彼女は、私が彼女のことを周りの人にわるく言ったと誤解しているみたいで、たしかに職場の人は人の陰口を好んでするけれど、どうして彼女は、私に私が言ったのかどうかを確認してくれなかったのかしら」

A子さんの気持ちは _____

_____

_____

③ 末期癌患者の70歳B氏と主治医とのやりとりである。
　　B氏「オレは、癌なんかにどうしてなったんだ。健康には注意してきたんだよ。どうして、どうして、死ぬまであとどれくらいですか。先生には関係ないことかもしれんがね。どうせオレは、先生の症例のひとつだな」

B氏の気持ちは _____

_____

_____

④ 夫に暴力をふるわれて、あるセンターに逃げて来たC子さんとカウンセラーのやりとりである。

　C子さん「結婚してまだ半年です。最初は、暴力なんかなかったし、信じられません。ここ1カ月で4回もなぐられ、けられて。夫は私にあれこれ指図するんです。それについて言うと火のように怒ります。私はされるがままです。いったいどうしたら……」

　C子さんの気持ちは ＿＿＿＿＿＿＿＿＿＿＿＿＿＿＿＿＿＿＿＿＿＿＿＿

＿＿＿＿＿＿＿＿＿＿＿＿＿＿＿＿＿＿＿＿＿＿＿＿＿＿＿＿＿＿＿＿＿＿

＿＿＿＿＿＿＿＿＿＿＿＿＿＿＿＿＿＿＿＿＿＿＿＿＿＿＿＿＿＿＿＿＿＿

次の文章を読んであなたならどのように共感して答えるかを考えよう。

⑤ 中学2年生女子D子さんは、3人グループと仲がよかったのだが、最近、D子さんをグループが避けるようになった。D子さんが、「私の性格が、ネクラなので、皆が避けているようで、やっぱり嫌われているのね」とあなたに言った。
　あなたはどう答えるか。

＿＿＿＿＿＿＿＿＿＿＿＿＿＿＿＿＿＿＿＿＿＿＿＿＿＿＿＿＿＿＿＿＿＿

＿＿＿＿＿＿＿＿＿＿＿＿＿＿＿＿＿＿＿＿＿＿＿＿＿＿＿＿＿＿＿＿＿＿

＿＿＿＿＿＿＿＿＿＿＿＿＿＿＿＿＿＿＿＿＿＿＿＿＿＿＿＿＿＿＿＿＿＿

⑥ 中学生の子どもをもつ母親が、「うちのE男は、最近、私に反抗ばかりするんです。今まで私の言うことをよく聞いていたのですが、私は、このままでいいのでしょうか」と教師であるあなたに聞いてきた。
　あなたはどう答えるか。

レッスン

―――――――――――――――――――――――――――

―――――――――――――――――――――――――――

―――――――――――――――――――――――――――

⑦　企業に入社したばかりの勝気なF子さんは、上司からいつもセクハラ的なことばを言われて困っている。それもしつこくてどうしていいか悩んでいる。先輩であるあなたにそれを相談している場面である。
　　F子さん「私、課長にうんざりです。彼は、下品なことばで私をからかうの。しつこいのよ」
　　先輩「あなたは、課長さんから下品なことばを言われていやなのね」
　　F子さん「それは、たった今言ったことです」
　あなたはどう答えるか。

―――――――――――――――――――――――――――

―――――――――――――――――――――――――――

―――――――――――――――――――――――――――

⑧　50歳男性G氏からの相談。妻や子どもたちと関係がうまくいっていないというG氏。職場では冗談やユーモアを言ってうけがよくて人気があるが、家に帰ると冗談を言っても家族はシーンとするという。G氏は、「冗談を言ってもてんでうけないんですよ。笑ったとしてもほんの少しです。時々、わるく受けとって怒りだすこともある。実際、僕はどうしたらいいんだろう」とあなたに言った。
　あなたは、その時、どのように答えるか。

―――――――――――――――――――――――――――

6. カウンセリングスキルのレッスン

———————————————————————

———————————————————————

レッスン15　　純粋性のレッスン　　（所要時間：３０分間）

① 息子の大学の入学式にその母親が行くところである。息子が有名大学に入学できるとは夢にも思わなかった母親が、次のようにあなたに言った。「大学に着くまでじっとしていられないわ」

この母親の気持ちを受けとめ、思いつくまま２通りの表現で返答してみよう。

　　a)
　　———————————————————————

　　b)
　　———————————————————————

② 女子大学生のＨ子さんはバッグをなくした。バッグには母親から振り込まれた現金を入れた財布も入っていた。彼女は、次のように言った。「キャッシュカードも財布に入れていた。どうすればいいかしら」

Ｈ子さんの気持ちを受けとめ、思いつくまま２通りの表現で返答してみよう。

　　a)
　　———————————————————————

　　b)
　　———————————————————————

③ 35歳の主婦Ｉ子さんの話。「本当に信じられないわ。主人が先週、毎日夕

レッスン

　　食に間に合うように帰ると約束しました。そしたら、主人は、このところ毎日、時間通りに帰ってきます。そんなにきちんと守るなんて思ってもみませんでした」
　Ｉ子さんの気持ちを受けとめ、返答してみよう。

　――――――――――――――――――――――――――――――

　――――――――――――――――――――――――――――――

　――――――――――――――――――――――――――――――

④　30歳の会社員Ｊ氏は、同僚のあなたに次のように言った。「係長は、オレをよく評価しているのかわるく評価しているのかさっぱりわからん。仕事をよくやっていると言ってくれるけど、とりたててオレをほめたこともない。係長は、気分屋で突然、怒り出すこともある。その時、オレが何かわるいところがあるか考えこむ。係長のかんにさわるようなところがオレにあるのではと悩む。今の仕事はオレに合わないのかな」
　Ｊ氏の気持ちを受けとめ、返答してみよう。

　――――――――――――――――――――――――――――――

　――――――――――――――――――――――――――――――

　――――――――――――――――――――――――――――――

⑤　83歳のおばあさんが腕を骨折して入院している。「こんなことになって、私よりももっとよくない老人のことを考えています。不平は言わないほうです。でもこう横になっていると看護が申しぶんないと言うことはできません。今時、申しぶんのない看護なんてないでしょう」とおばあさんが言った。
　このおばあさんの気持ちを受けとめ、返答してみよう。

6. カウンセリングスキルのレッスン

――――――――――――――――――――――――――――

――――――――――――――――――――――――――――

――――――――――――――――――――――――――――

⑥ 55歳の中年男性は最近、会社をクビになった。そのことでカウンセリングに来たが、しばらくして友人や家族など他者の話ばかりをし始めた。カウンセラーであるあなたは、他者の話を長々とするこの中年男性に対してイライラしていた。そこで、あなたは会社をクビになった話にもどした。ところが、その男性は淡々とクビになった状況を話した。
この男性の気持ちを受けとめ、返答してみよう。

――――――――――――――――――――――――――――

――――――――――――――――――――――――――――

――――――――――――――――――――――――――――

⑦ 30歳のK子さんは、妊娠中絶をするか、悩んでいる。「もう子どもは産まないわ。主人もこれで安心すると思うわ。絶対に子どもはいらないとは私は思わないけど、主人はそう思っている。中絶しようと思う。でも、中絶したあと、後悔すると思う。いろいろ悩む。またふり出しにもどっちゃう」
K子さんの気持ちを受けとめ、返答してみよう。

――――――――――――――――――――――――――――

――――――――――――――――――――――――――――

――――――――――――――――――――――――――――

55

レッスン

レッスン16　共感と純粋性のロールプレイ　　（所要時間：40分間）

　カウンセラー役とクライエント役のペアを組む。クライエント役の人は、次の文章を読んで、自分なりのイメージをふくらませ、好きなストーリーをつくってみよう。

　カウンセラー役とクライエント役は、図4（p.14）を参考にして位置関係を決め、カウンセラー役は、共感と純粋性を実践しよう。20分間、ロールプレイを行ったら、役割交換をしてまた20分間ロールプレイを行ってみよう。

クライエント：30歳（男性あるいは女性、クライエント役に合わせること）

　市役所の仕事を5年間しているが、職場での対人関係は孤立して、さびしい感じである。誰と話しても関係が長く続かない。両親は、幼い頃から厳しく、自分を理解してくれなかったと感じている。対人関係がうまくいかない原因を親のせいにしているところがある。クライエントは独身である。すでに面接は6回目であり、カウンセラーとはラポールは形成されている。

　　カウンセラー役の感想：

　　　　　　　　　　　　　―――――――――――――――――――

　　　　　　　　　　　　　―――――――――――――――――――

　　　　　　　　　　　　　―――――――――――――――――――

　　クライエント役の感想：

　　　　　　　　　　　　　―――――――――――――――――――

　　　　　　　　　　　　　―――――――――――――――――――

　　　　　　　　　　　　　―――――――――――――――――――

レッスン 14 のふり返り

①～④のレッスンのように共感することと、⑤～⑧のレッスンのように共感したことを伝えることとは異なってくる。

① クライエントの気持ち
　自分にとっていやなことを言われたので、母親に対する怒り、怒りをぶつけたことへの自己嫌悪、困惑、後悔、罪悪感など。

② A子さんの気持ち
　親友が自分に確認してくれなかったことへの不満、失意、なぜだろうという疑問、怒り、腹立たしさ、困惑、残念さ、親友を失ったことへのくやしさ、失望など。

③ B氏の気持ち
　死に対する恐れ、どうしてこうなったのかという混乱、残り少ない人生への悲しみ、心のとり乱し、生きることへの絶望、自暴自棄、治療への不満など。

④ C子さんの気持ち
　どうしたらよいかわからない混乱、夫への恐れ、将来について途方にくれる、暴力をふるわれる悲嘆、苦しみ、結婚生活への絶望など。

⑤ 「友だちがあなたから離れていくというのはさびしいですね。その原因を自分の性格と思っているとしたら、さらにつらいですね。友だちづき合いに自信をなくしているんですね」など、友だちから疎外されているさびしさと自責感、悲しみを共感する。

⑥ 「小学生時までは、よく言うことを聞いたのに、最近は、言うことを聞かないんですね。そのことについてどうなっているんだろうと不安なんですね。先のことが心配なのですね」など、子どもが自分から遠ざかることの

レッスン

当惑、悲しさ、さびしさと将来の不安に共感する。

⑦ 共感する対応としては、⑤と⑥のように、「感情の反射」をしていくことが一般的であるが、クライエントによっては、それでは理解されているとはとらえない場合もある。その場合、クライエントの態度やしぐさからクライエントの気持ちを①、②、③、④で行ったように推測して聞くことも共感につながる。
例：「あなたは、課長さんとの出来事を話している時、握りこぶしを握って話していますね。うんざりどころか、怒りと傷つきの気持ちが伝わってきます。彼があなたをどんなに侮辱したかわかります」

⑧ 共感とは、相手の気持ちがわかることであるが、意識水準の表層から無意識水準の深い点まで奥行きがある。
例：非常に浅い共感　「家族との関係でいやな思いをしているんですね」
　　やや深い共感　「自分では、ユーモアがあると思っているのに家族の皆さんはまるで理解を示していないのでおもしろくない思いをしているんですね」
　　深い共感　「むなしいとか、さびしいといったあなたの気持ちが感じられます。家族は、あなたに対してどんな気持ちでしょう。あなたに家族は何か違ったことを答えてほしいのではないですか」

　日常生活では、あなたは、他者の喜、怒、哀、楽のうちどの気持ちに共感しやすいか、特徴をつかんでみよう。あなたの特徴を知り、共感しにくい気持ちに共感することを心がけ、日常生活でレッスンしてみよう。
　クライエントの気持ちがわからない場合、「わかりません」と伝えることもカウンセラーの純粋性である。わからないのにわかったふりをすると、その後、カウンセリングが展開しにくくなる。

レッスン15のふり返り

① 純粋性の返答の定石として「……と感じているんですね」と述べることが

多い。純粋性の返答には、大まかな返答とクライエントの状況に合った細かい返答がある。

　　例：a）幸せな感じなんですね（大まかな返答）
　　　　b）思いがけないものを手に入れて息子さんといっしょに喜びたい気
　　　　　 持ちなんですね（細かい返答）

　実際のカウンセリングにおいて、純粋性の返答をした場合は、それがクライエントの気持ちと一致しているかどうか、「そんな気持ちですか」などと、確かめることが大切である。

② 　例：a）困ったことになりましたね（大まかな返答）
　　　　 b）目の前が真っ暗になった感じですね（細かい返答）

③ 　純粋性の返答の方法として、クライエントの気持ちとクライエントにまつわる経験・行動とを分けてフィードバックするものがある。
　　「期待しておられた以上に、ご主人は約束を守られたのでとてもうれしい気持ちですね」のように、前半は、主人の行動を取りあげ、後半は、クライエントの気持ちを取りあげる方法である。

④ 　例：「係長の態度から自分の能力に疑問を感じているんだね」または「仕事に対する係長の評価がはっきりしないので、今の仕事を変えようかと悩んでいるんですね」

⑤ 　高齢者の場合、比較的明確にフィードバックしたほうがよい。
　　例：「いろいろと本当は不満はあるが、がまんしておられるんですね」

⑥ 　感情を表現しないで他者の話に逃避しているクライエントに対して、純粋性の対応を行う場合、そのことをことばで言うよりもカウンセラーの感じたことを伝えると、クライエントは自分の本当の姿として受けとめるであろう。
　　例：「ちょっと待ってください。あなたは、今、まわりの人の話ばかりしています。私は、少しイライラした感じです。あなたは、私と同じ気

レッスン
　　　持ちではありませんか」

⑦　葛藤している気持ちを純粋に受けとめてフィードバックすることはカウンセリングにおいて大切なワークである。
　　例：「どうすればよいのか、迷っておられるんですね。中絶すると、一応、安心できるが、その後どうなるかを心配しているんですね」

　日常生活でもどのようなフィードバックのしかたが他者にわかりやすいかを心がけるとよい。
（レッスン 16 のふり返りは、p.94）

（3）沈黙とリード

　カウンセリングにおける沈黙（silence）は、対話のスパイスにたとえられ、沈黙のない対話はその時の空腹を満たすだけのファーストフードにたとえられる。クライエントの長い沈黙は、カウンセラーを困惑させ、焦燥感から問いかけへとかりたてることもある。
　沈黙の意味はさまざまであり、クライエント自身のことばによる表現力のなさ、カウンセリング過程における初期の来談抵抗（無理やりにカウンセリングを受けさせられることへの抵抗）や不安、恥ずかしさ、中期におけるクライエントの葛藤への直面（問題に対する解決の迷いや考えが整理できないこと）、カウンセラーに対する甘えや陰性感情（negative transference）、カウンセラーのある発言に対してのクライエントのコンプレックス（complex：心のしこり）の衝撃などがある。
　カウンセラーは、自らの発言内容やクライエントとの関係のあり方、クライエントの非言語的表現を考慮して、クライエントに沈黙が生じた時、クライエントの発言を待つか、それともカウンセラーがリードしていくかを判断しなければならない。一般には、クライエントの発言を待つことが定石である。昨今、カウンセリングロールプレイ経験に乏しく、待てないカウンセラーが多いように思われるが、カウンセラーは、日常生活でも、沈黙に2分間は耐えられるレッスンが必要であろう。日常会話においての沈黙に対して、その意味を考

表17 ソクラテスの質問法

1. 当事者が自問し、自ら発見できるように問いかける
2. 適度に制約を設けた開かれた質問を用いる
3. どんな答えでも相手の発言を尊重する
4. どんな答えでも相手の発言に関心をもつ

表18 開かれた質問例

1. 「そのことをもう少し話してみてください」
2. 「その時、どんな気持ちでしたか」
3. 「今の気持ちはどうですか」
4. 「あなたはどうしたらよいと考えますか」

えたり、味わったりして、相手の発言を待つことを心がけるとよいだろう。

一方、カウンセラーのリード（lead）とは、ロビンソン（Robinson, F. P. 1950）によれば、クライエントが理解でき、受け入れることができる質問、説明、解釈、直面、情報の提供、要約をいう。つまり、クライエントの述べる話題が途切れて沈黙が長く続いた場合、文脈や心の流れを促すカウンセラーの働きかけのことである。古代ギリシアの哲学者は、一般市民と対話をする際、開かれた質問をしたという。開かれた質問とは、ソクラテスの質問法のように応答の自由度が高い質問のことである（表17）。当事者が自問し、自ら発見できるように問いかける、という開かれた質問の例として、「そのことをもう少し話してみてください」、「その時、どんな気持ちでしたか」などがある（表18）。

カウンセリングにおける質問は、「はい」か「いいえ」で答えられるようなものではないほうがよい。いわゆる開かれた質問がクライエントの心の流れを促していく。つまり、クライエントが心のイメージを次から次へと表現できるような質問がよい。また、沈黙が多いからといってクライエントを質問ぜめにしたり、「なぜなのか」と問いつめたり、カウンセラーの体験談や自慢話をすべきではない。あくまでもクライエントの心に寄りそうことが大切である。

問題解決療法では、「ミラクル・クエッション（miracle question）といって「ある朝、あなたが目覚めた時、奇跡が起きてあなたの悩みが全て解決できた

レッスン

とします。どんな違いから奇跡が起きたとわかりますか」といった質問をする技法がある。これは、クライエントを解決の方向へと引きつける力となる質問であり、解決後の生活をイメージするものである。解決への意欲が乏しいクライエントにとってこのような質問方法も有効である。レッスン17では、開かれた質問を、レッスン18では、クライエントのもつ問題を展開させる質問、さらにレッスン19では、レッスン16で行ったロールプレイの続きを行う。その中でレッスン17とレッスン18で用いた質問を取り入れてみよう。

レッスン17　開かれた質問　　　　　　　　（所要時間：15分間）

次の文章を読んで、開かれた質問を用いてリードしてみよう。

① クライエントはゲームの話をした後、長い沈黙が続いた。

　　あなたのリードは、_____

　　_____

　　_____

② 2回目のカウンセリングでクライエントは、いきなり3分間の沈黙をした。

　　あなたのリードは、_____

　　_____

　　_____

③ 親子関係がうまくいっていないクライエントに対して、親についての質問をする。

あなたのリードは、＿＿＿＿＿＿＿＿＿＿＿＿＿＿＿＿＿＿＿＿＿＿＿＿＿

＿＿＿＿＿＿＿＿＿＿＿＿＿＿＿＿＿＿＿＿＿＿＿＿＿＿＿＿＿＿＿＿＿＿＿

＿＿＿＿＿＿＿＿＿＿＿＿＿＿＿＿＿＿＿＿＿＿＿＿＿＿＿＿＿＿＿＿＿＿＿

レッスン18　クライエントの問題を展開させる質問　（所要時間：２０分間）

次の文章を読んで、問題を展開させる質問をしてみよう。

① 相談につれてこられた女子高校生が次のように言った。「最近、何も考えず、ボーッとしている。何を話せばいいんでしょう」

あなたのリードは、＿＿＿＿＿＿＿＿＿＿＿＿＿＿＿＿＿＿＿＿＿＿＿＿＿

＿＿＿＿＿＿＿＿＿＿＿＿＿＿＿＿＿＿＿＿＿＿＿＿＿＿＿＿＿＿＿＿＿＿＿

＿＿＿＿＿＿＿＿＿＿＿＿＿＿＿＿＿＿＿＿＿＿＿＿＿＿＿＿＿＿＿＿＿＿＿

② 不登校の男子中学生が、カウンセリング中に「学校へは行きたくない。家がいい」とつぶやき、沈黙が続いた。

あなたのリードは、＿＿＿＿＿＿＿＿＿＿＿＿＿＿＿＿＿＿＿＿＿＿＿＿＿

＿＿＿＿＿＿＿＿＿＿＿＿＿＿＿＿＿＿＿＿＿＿＿＿＿＿＿＿＿＿＿＿＿＿＿

＿＿＿＿＿＿＿＿＿＿＿＿＿＿＿＿＿＿＿＿＿＿＿＿＿＿＿＿＿＿＿＿＿＿＿

③ 19歳の女子大学生Ｌ子さんは、予期せぬ妊娠をした。同居している父親とは日頃、話もしない。母親ともよい関係ではない。生計は両親にたよっ

レッスン

ている。L子さんは出産を望み、大学も何とか卒業したいという。ひと通り悩みを話して、長い沈黙がカウンセリング中に続く。

あなたのリードは、＿＿＿＿＿＿＿＿＿＿＿＿＿＿＿＿＿＿＿＿＿＿＿＿

＿＿＿＿＿＿＿＿＿＿＿＿＿＿＿＿＿＿＿＿＿＿＿＿＿＿＿＿＿＿＿＿

＿＿＿＿＿＿＿＿＿＿＿＿＿＿＿＿＿＿＿＿＿＿＿＿＿＿＿＿＿＿＿＿

④ 30歳のM子さんは、郵便局のベテラン事務員である。彼女の悩みは、「ノーと言えない」ことで、職場の多くの人が彼女に仕事をもってくる。ひとつの仕事をしている最中に他の人が仕事をもってくる。ノーと言えない自分に腹が立っている。職場の人は、彼女を「ノーと言えない」とみている。そんな時、締め切り日のある仕事のミスをしてしまった。カウンセリングでは、ひと通りのことを話して、M子さんの沈黙が続いた。

あなたのリードは、＿＿＿＿＿＿＿＿＿＿＿＿＿＿＿＿＿＿＿＿＿＿＿＿

＿＿＿＿＿＿＿＿＿＿＿＿＿＿＿＿＿＿＿＿＿＿＿＿＿＿＿＿＿＿＿＿

＿＿＿＿＿＿＿＿＿＿＿＿＿＿＿＿＿＿＿＿＿＿＿＿＿＿＿＿＿＿＿＿

レッスン19　沈黙に対するリードのロールプレイ（所要時間：40分間）

　ふたり組のペアになり、クライエント役、カウンセラー役を決める（レッスン16を行った場合は同じパートナーと組むとよい）。
　クライエント役は、もう一度、レッスン16の文章（p.56）を読んで、カウンセリングの流れの行き詰まり、たとえば、クライエント役はカウンセラー役の質問に答えるだけで次の話が続かない場面をつくる。カウンセラー役は、レッスン17と18で練習した方法を用いてリードしてみよう。20分間、ロールプレイを行ったら、役割交換をして、また20分間ロールプレイを行ってみよう。

カウンセラー役の感想：

_____

_____

_____

クライエント役の感想：

_____

_____

_____

レッスン17のふり返り

① 「ゲームのあとはどんな感じでしたか」など、あとでクライエントが多く発言できる質問がよい。「ゲームのあと、すっきりした気分でしょ」などは、ふたりの関係が深まらない。またクライエントの心が流れないのでよくない。

② 「今日はどうしたんですか」といった気分を聞くほうがよい。「いつものあなたと随分違うけど何かあったの」と具体的にいきなり聞くと、クライエントは返答しにくい。

③ 「親に対してどんな気持ちですか。それは答えにくいと思いますが」など、かなりクライエントにとって本質的な問題の質問に関しては、前もって答えることは難しいことだろうと言ったほうがよい。「なぜ親子関係がわるいんでしょう」といった質問ではカウンセリングが展開しにくくなる。

問題解決療法では、「ワンダウン」（one down）といってカウンセラー

が謙虚にクライエントに「私にはわからないので、教えてほしい」と尋ねる技法がある。この技法をクライエントにとって本質的な問題を取りあげる場合には用いてもよい。

レッスン18のふり返り

① 「そうですか。どういうことから話してもいいのですが、今、あなたが困っていること、気になることから自由に話してください」とカウンセリングへ導入するのがよい。「何を話していいのかわからないんですね」といったくり返しはこの場合、カウンセリングが展開しにくいのでよくない。

② 「学校へ行くのはつらいんでしょうね。そのつらい気持ちをもう少し話してくれませんか」と気持ちの表現へと導入する。「そうですか。今は苦しいなら登校しなくてもいいんじゃないですか」といきなり支持する発言では、展開がここで終わってしまう。

③ 妊娠、両親との不和、学生生活と新しい家庭生活との両立、今後の育児や生計の問題など、問題が多く、整理できていない場合には、「どこから問題を整理していきましょうか」と投げかけてもよい。相手の男性とこれら多くの問題を相談しているかが重要であり、「これらの問題をその男性と相談しましたか」と聞くことも重要である。最もよくないリードは、問題のひとつを取りあげて断片的に聞く質問である。断片的に聞くとクライエントの気持ちが整理できないからである。

④ 沈黙に対するリードは、その時のラポールの程度や、問題の煮つまり具合を判断して行う必要がある。ラポールが形成されていない、あるいは問題が煮つまっていない場合、つまりクライエント自身がノーと言えない自分を問題にしていない場合には「職場でのトラブルをなくしたいんですね」という程度の確認をするほうがよい。ラポールが深まり、問題が煮つまっていれば、「あなたがノーと言えるための具体的解決法を話していきましょう」などのリードがよい。

カウンセリングにおいては、間の置き方が、クライエントの心を調整していくこと、あるいはふたりの関係が深まることにおいて重要である。日常生活では「落語」などを聞いて間の置き方を学んだり、他者の呼吸に合わせた返答のしかたを体得していこう。
（レッスン 19 のふり返りは、p.94）

> **ティータイム** 《病態別・年齢別のカウンセリングの適用》
>
> 　ロジャーズ（Rogers, C. R.）のいうカウンセリングは、心の病をもつクライエントに適用できるのであろうか。結論は、ロジャーズ流のカウンセリングは心の治療法ではないので統合失調症（schizophrenia）や人格障害（personality disorder）の患者にカウンセリングを行っても症状が除去されることもなく、支障をきたすことはない。
>
> 　カウンセリングを行ってその効果がみられるのは健常者や神経症的（neurotic）なクライエント、あるいは神経症（neurosis）の患者である。
>
> 　また、年齢からいうと、一般には中学 2 年生以上の青年から認知症（dementia）ではない高齢者までの言語表現力のあるクライエントにカウンセリングは適用できる。

レッスン

（4） くり返し

　くり返し（repeat）とは、カウンセラーがクライエントの言ったことばをそのまま言うことである。言い直しとか反響ともいう。目的は、クライエントの自分の探求や自己のことばや行動の確認、葛藤の明確化などである。原則として、クライエントの述べたことばをそのまま用いる。カウンセラーはクライエントの述べたポイントが何かを押さえて、くり返しを行う必要がある。ポイントを押さえるには、クライエントの話すストーリーでどこが大切かを聞きとることが大切である。ポイントがズレたくり返しを行えば、カウンセリングの文脈は本筋から大きく離れていく。日常会話では、あまりくり返しを用いないが、カウンセリングにおいては、共感とともにレッスンが必要なスキルである。タイミングよくできるか、レッスン20を行ってみよう。

レッスン20　　くり返しのレッスン　　　　　　（所要時間：１０分間）

　以下はカウンセラーとクライエントのやりとりである。あなたがカウンセラーならどんなくり返しをするだろうか。空白にくり返しを入れてみよう。
　　　　　　　（「ク」はクライエント、「カ」はカウンセラーを示す）

① 　ク１）どうしても朝、起きられないの、すでに起きた時はもう遅いの。遅刻したくないし、だから行けない。

　　　カ１）＿＿＿＿＿＿＿＿＿＿＿＿＿＿＿＿＿＿＿＿＿＿＿＿＿＿＿＿＿

　　　＿＿＿＿＿＿＿＿＿＿＿＿＿＿＿＿＿＿＿＿＿＿＿＿＿＿＿＿＿＿＿＿

　　　＿＿＿＿＿＿＿＿＿＿＿＿＿＿＿＿＿＿＿＿＿＿＿＿＿＿＿＿＿＿＿＿

　　　ク２）それと友だちから変な目で見られていやなの。クラスに入ると変な目で……。だから朝は、起きられないの。

6. カウンセリングスキルのレッスン

　　カ2）_____

　　_____

　　_____

② ク）母親といつも口げんかをしています。外でも友だちとはうまくいっていません。学校もやめたいし、といっても将来の目的もない。彼氏もいない。死にたくなっちゃう。どうしよう。8月2日は、17歳の誕生日なの（ため息）。

　　カ）_____

　　_____

　　_____

> **ティータイム**　《スーパービジョン（supervision）とは》
>
> 　スーパービジョンとは、監督教育、統制分析ともいい、カウンセラーがケースについて指導者（スーパーバイザー）から示唆、助言、指示、明確化、支持を受けたり、自分についての個性や癖、特徴を気づかせてもらうことをいう。1対1で行うことが一般的であるが、スーパーバイザーひとりに対して複数のスーパーバイジー（supervisee）で行うこともある。
>
> 　精神分析学派は、治療者がスーパービジョンを受けることを強調し、とくに治療者が精神分析を受けることを教育分析（training analysis）という。しかし、他の心理療法流派は、スーパービジョンを受けることをタテマエ上強調するが、臨床心理士の協会認定資格を取るとスーパービジョンを受ける回数が減っていく事実がある。それは、わが国に指導者が少ないことやカウンセラーの自己研鑽意欲が乏しいことにもよる。スーパービジョンを受けることはカウンセラー、クライエント双方にとって大切なことである。

レッスン

> レッスン20のふり返り

① カウンセラーの解釈を入れないで、そのままくり返すことがポイントである。

　カ１）「起きた時はもう遅くて遅刻をしたくないので行けない」、「朝、起きられない、遅刻をするから行けない」などがよい。よくない例は、「行きたくないから、遅刻をする」など。

　カ２）「クラスに入ると変な目で見られるから起きられない」、「友だちから変な目で見られいやだから起きられない」がよい。よくない例は、「起きられないのは変な目で見られるから」など。

　まとめあげていくとクライエントは評価されているととらえるためによくない。

② 「母親と口げんかをする」、「友だちとうまくいっていない」、「学校をやめたい」、「将来の目的がない」、「死にたくなっちゃう」、「8月2日は誕生日」、「17歳」などそれぞれの断片のくり返しを行うと、話題はそれぞれの文脈に流れていってしまう。あえてくり返しを入れるとすれば、「どうしよう」と言うか、あるいはカウンセラーもため息をつくとよい。

日常生活においても何をくり返すかということとそのタイミングの方法を、時間をかけて体得していこう。その際、会話の相手が、十分、あなたに理解されていると感じているかを確認していくことが大切である。

（5）明確化

明確化（clarification）とは、クライエントの今、感じている内容をさらに明確な形でカウンセラーが述べることをいう。カウンセラーがクライエントに「……ということでしょうか」という確認をすることが多い。

明確化の種類としては、クライエントの感情、意図、葛藤、目標、経過の明確化や、長い話の要約、思考の整理などがある。ねらいは、カウンセリングの流れを促すためにクライエントの心の中にあるものを明確にしたり、カウンセ

ラー自身がカウンセリングを進めるためにクライエントのことばを確かめたりすることがあげられる。明確化はくり返しと同様、なるべくクライエントの用いたことばを使うほうがよい。それは、クライエントに共感するためでもあり、カウンセラーとクライエントのふたりの世界を共有するためでもある。また、明確化は、シャープにまとめていく知的な翻訳ではなく、クライエントの気持ちの確認が主である。「要するに……なのね」、「要は……ということですね」と大きくまとめることではない。

　ところで、ロジャーズ流ではない心理療法流派、たとえば家族療法流派は、クライエントのもつ問題を展開させるために、リフレーミング（reframing）というクライエントのもつとらえ方の枠組み（frame）を変えるような介入技法を用いる。これは、不登校の子どもをもつ両親の相談において、不登校に悩んでいるという枠組みを家族関係や子育てを見直す好機であるという枠組みに変えていくことなどをいう。また、精神分析療法家は、境界例（borderline case）のクライエントや性的表現が多いカウンセリング内容に際した場合、隠喩（metaphor）、つまりある事柄を述べる時にそのことばと暗黙の関係がある事柄を用いて述べるという方法を重視している。隠喩の働きのひとつに、バラバラな内容の表現を寄せ集め、有機的に結びつけることがあげられる。たとえば、「人間は信用できない。皆、狼です」という隠喩を述べるクライエントに「狼は男ですね」と隠喩を取りあげれば、「男が信用できないんです」と明確になり、性的な内容が理解できる。

　レッスン21で、クライエントの気持ちに共感しながら、流れの中で必要と思われる明確化ができるか、レッスンを行ってみよう。

レッスン21　明確化のレッスン　　　（所要時間：３０分間）

以下、クライエントの発言に対して、明確化して、返答してみよう。

① 転校生のN君。成績が大変よく、成績がよくないこのクラスに不満をもっていた。
　「クラスの連中は、頭がわるく、幼稚で話す気もしない。趣味も違う。この学校へ来たのが間違っていた。卒業までこの学校にいなきゃいけない

レッスン

　　のですか」

　明確化：_____

　_____

　_____

② 27歳の独身の高校教師。最近、やる気がなく、自信もなく、生徒からも好かれていない感じがするという。
　「自分は教師としてプライドがあるので、誰にも相談できない。目標も失っている。疲れやすい。これ以上この仕事をやっていけるだろうか」

　明確化：_____

　_____

　_____

③ 有名大学に入学できたO子さんは、5月に入って次のことを訴えた。
　「一生懸命勉強して合格できて一安心していた。大学には夢がいっぱいありました。さあ楽しもうと音楽サークルに入ったけど友だちもできない。クラスでも人目が気になる。ひとりでいると気楽になるがさびしい。毎日がいやになってきた」

　明確化：_____

　_____

　_____

以下のようなクライエントに対して、カウンセリングの中で、明確化すべきことをできるだけ多くあげてみよう。

④　25歳の女性。結婚して2年目、夫から暴力をふるわれるという。

　――――――――――――――――――――――――――――――

　――――――――――――――――――――――――――――――

　――――――――――――――――――――――――――――――

⑤　精神科に入院中の50歳の患者。3年間の入院で、主治医はそろそろ退院したらどうかと話した。ところが患者は退院したくないという。

　――――――――――――――――――――――――――――――

　――――――――――――――――――――――――――――――

　――――――――――――――――――――――――――――――

⑥　26歳の既婚男性。義母と同居しているがうまくいかないという。義母から結婚を解消させられるのではないかという不安がある。男性は、義母へ怒りを感じている。義母の思う通りになってしまうのではないかという不安があるという。

　――――――――――――――――――――――――――――――

　――――――――――――――――――――――――――――――

　――――――――――――――――――――――――――――――

レッスン

レッスン22　くり返しと明確化のロールプレイ　（所要時間：４０分間）

　ふたり組のペアを組み、クライエント役、カウンセラー役を決める（レッスン16、19を行った場合は、同じパートナーと組むとよい）。クライエント役は、もう一度、レッスン16で示した文章（p.56）を読んで、すでにレッスン19で展開した話題をさらに進めてみよう。カウンセラー役は、くり返しと明確化を行ってみよう。20分間、ロールプレイを行ったら、役割交換をしてまた20分間ロールプレイを行ってみよう。

　カウンセラー役の感想：

_____

_____

_____

_____

　クライエント役の感想：

_____

_____

_____

_____

6. カウンセリングスキルのレッスン

> レッスン21のふり返り

① 「今の学校の生徒と趣味が合わず、他の生徒は君ほど成績もよくはなく、親しくなれないんですね。この学校は君にとっては期待はずれだが、君なりにさびしさに耐えて、卒業までがんばっているんですね」と少しばかりの支持が入った明確化がよい。よくない例としては、「君は転校生で、この学校と合わず、卒業できないのではと思っているんですね」とか「君は、この学校に入学するのを間違っていたと思っているんですね」など。クライエントの前向きな姿勢を無視したくり返しはよくない。また、あなたとN君とのラポールが深いものであるとしたら、リフレーミングを用いて「あなたの悩みは、クラスであなたの実力を発揮するチャンスではないんですか」と答えるのもよい。

② 「最近、やる気がなくなって、疲れて、目標もなくなって、この仕事をやっていく自信をなくしているんですね。相談したいけど仕事上、相談しにくいんですね」と苦しんでいることを中心に明確化していく。よくない例としては、「プライドが高いので相談できないんですね」や「うつ病だと思いますので病院へ行ったらいいですよ」など。相手を傷つけるようなことばは避けたほうがよい。ラポールが深ければ、「紺屋の白ばかま」ということばのような隠喩を入れてもよい。

③ 「せっかく入学した大学で楽しもうと思ったのに5月になっても友だちができず、さびしい気持ちで人の目も気になって毎日、苦しんでいるんですね」といつから問題が生じたかを明確化したほうがよい。よくない例は、「大学が期待はずれで残念なんですね」、「五月病じゃないんですか」、「私の大学時代もそうでしたよ」など。表面的な明確化はよくない。

④ 例：1）暴力について具体的にどんなことをするのか
　　　2）どうして暴力をふるうと思うか
　　　3）いつ、どこで、どのくらい時間をかけて暴力をふるうのか
　　　4）暴力後、夫はあなたにどんな対応をしたのか

レッスン

　　　　5）あなたはどんな気持ちか
　　　　6）いつ頃から暴力が始まったのか
　　　　7）次第に暴力がエスカレートしていないか
　　　　8）夫は問題意識はあるかどうか
　　　　9）夫はカウンセリングを受けるだろうか
　　　10）最近の夫婦の関係はどうか

⑤　例：1）主治医による退院の話は患者にどんなプレッシャーになったか
　　　　2）入院しているとどんなことがよいか
　　　　3）退院したらどんな不安があるのか
　　　　4）主治医と患者との関係はどうなのか
　　　　5）なぜ、今、退院の話なのか

⑥　例：1）いつから義母とあなたとの関係はわるくなったのか
　　　　2）なぜ、結婚解消させようとしているのか
　　　　3）結婚解消をねらっているという確証はどの程度か
　　　　4）どんな方法で結婚解消をさせようとしているのか
　　　　5）夫婦の関係はどうか
　　　　6）妻とその母との関係はどうか
　　　　7）妻は、母の夫へのいやがらせを知っているのか。知っているとしたらどう感じているだろうか

　一般にくり返しはラポール形成を行う場合に、明確化はラポール形成された後、クライエントの心を整理していく場合に行う。
　日常生活において、ヒトの心の矛盾について受け入れやすくしていく聞き方や自分の心を整理していくレッスンをしていくと明確化が上達していく。
（レッスン22のふり返りはp.94）

（6）　対決と直面

　カウンセリングというと、とかくカウンセラーがクライエントの話を聞き、

受容すればよいととらえがちであるが、心の問題の解決や自己認知の変化をねらったカウンセリングでは、クライエントの自己内の対決なくしては達成されない。つまり、カウンセリングを進めるカウンセラーがクライエントに対して自己に直面させることが、クライエントの自己内の対決につながる。

　対決と直面は、双方とも英語でconfrontationという。カウンセラーがクライエントに直面させる場合、当然、クライエントとの深いラポールが形成されていなければ、クライエントの*抵抗（resistance）が生じやすい。抵抗とは、クライエントのイメージ、連想の停滞、カウンセラーの発言に対する無反応などクライエントのカウンセリングを阻む動きをいう。表19は、直面させる発言例である（長尾 1991）。表19から、クライエントに問題を直面させたり、クライエントの人間関係のあり方やカウンセラーとの関係を直面させるものがあることがわかる。また、問題解決療法では、表20に示す問題の解決へ向けての技法（technique）をあげてクライエントに問題を解決させている。表19と表20を比較すると類似点も多い。表19の問題意識の直面は、表20のプロブレム・トークと、表19の関係についての直面は、表20の関係性の質問にそれぞれ類似している。問題解決療法は、表20から面接の目標を重視していることがわかる。クライエントの問題とは何か、また心を扱うのか行動を扱うのか、カウンセラーの臨床経験の熟練程度はどのくらいかなどを考慮に入れて直

ティータイム　《診断は無用か》

　身体医学の場合、患者の診断は治療に必要である。たとえば、カゼをひいた時、病院へ行き、医師からカゼと診断してもらい診断に合った処方をしてもらう。

　ロジャーズ（Rogers, C. R.）は、精神分析療法の治療を見て、患者から多くの情報を聞き、診断作業にエネルギーを費やしていることに疑問をもった。彼は、診断が、本当に治療に役立っているのかどうかという疑問や、診断することによって治療者と上下関係を形成していること、クライエントの依存性を高め、自己責任能力を弱めていることを批判した。また、診断することを強調すると診断する側の支配性が社会に波及する恐れも指摘した。しかし、この指摘は、健常なクライエントを対象とした場合の問題点であり、医療現場では正しい心理診断は治療に必要である。

レッスン

表19　クライエントに直面を促す発言例（長尾 1991）

カウンセリング過程	直面の種類	発言例
初　期	問題意識の直面	○「学校へいけない自分をどう思いますか」 ○「無理にカウンセリングルームにつれて来られたのはどうしてかな」 ○「なぜ○○○をしてしまったのかな」
中期と後期	親、教師、友人との関係についての直面	○「A君との関係について、もう少し具体的に教えてください」 ○「この間、話してくれたお母さんのことはどうなったんですか」 ○「むしろB先生のことが私には気がかりですが……」
	クライエントの不自然な態度や矛盾した話についての直面	○「その気持ちの表現は、私には不自然にとれるが」 ○「この間は、お母さんがいやだといっていましたが、今日はちがうんですね」 ○「A君のことを話すといつも泣き出しますね」 ○「いつも君は、クラスの人をそういうふうに見ているんですね」 ○「君は、そういうけれど私には実感として伝わってこないが、どうしてかな」 ○「君は、○○○といいながら、いっぽうでは△△△というが……」
	カウンセラーとクライエントとの関係についての直面	○「この間は、あんなに話してくれたのに、今日は何も話さないんですね」 ○「面接に遅れてきたのは、私が、前回に○○○といったから気になったのかな」 ○「今日は、いらだっているみたいだね。私が、その話にふれたせいかな」 ○「面接の終わり頃になると君はいつもその話をするね。どうしてかな」 ○「君は、私にいつも○○○というね。どうしてかな」 ○「最近、私と会うと明るい表情で話すね」

表20 問題解決療法の解決への技法（相場・龍島 2006 より作成）

技　法	説　明
プロブレム・トーク （problem talk）	クライエントの抱える問題内容や原因についての話。問題解決療法ではソリューション・トーク（solution talk）を重視する。
ウェルフォームド・ゴール （well formed goal）	具体的な治療目標を設定すること。 「自己実現など難しいことを言わず、クヨクヨしないでどうしたら過食をやめられるか考えましょう」
関係性の質問	クライエントにとって重要な人物をみつけ、クライエントの問題解決がその人物との関係を表すことばで説明されるように質問する。 「あなたの問題が解決したら、お母さんとはどんな関係になっているでしょう」
割合スケーリング （ratio scaling）	葛藤の程度や変化の程度を具体的に割合で聞く。 「どの程度学校へ行きたくないの」「50％です」
スケーリング・クエッション （scaling question）	上記の割合スケーリングを具体的に数字で答えさせる。 「問題解決は0から10までとするとどの程度解決されましたか」「4です」
ミラクル・クエッション （miracle question）	奇跡が起きて、問題が解決した後のクライエントの姿や生活をイメージさせる。

面を行う必要がある。

表19を参考にしてさまざまな直面をレッスンしてみよう。

レッスン23　　直面を促すレッスン　　　　（所要時間：30分間）

以下のクライエントの発言に対して直面を促す返答をしてみよう。

① 男子高校生P君は、バイクの無免許運転で補導された。その時、あなたに次のように言った。
　「オレの高校の3分の1の生徒は、こんなこと経験している。オレだけじゃない。しかも事故も起こしてないよ。校則とかルールが厳しすぎるよ。みんなやってるよ」

レッスン

　　その時、あなたは、＿＿＿＿＿＿＿＿＿＿＿＿＿＿＿＿＿＿＿＿＿

　　＿＿＿＿＿＿＿＿＿＿＿＿＿＿＿＿＿＿＿＿＿＿＿＿＿＿＿＿＿＿

　　＿＿＿＿＿＿＿＿＿＿＿＿＿＿＿＿＿＿＿＿＿＿＿＿＿＿＿＿＿＿

② 女子高校生Ｑさんは、対人緊張が強い。相談で次のように言った。
　　「親しい友だちとは緊張しないけど、知らない人とか先生、大人と話すと緊張してどうしようかと思う。ことばも出ない。本当に私自身がいやです」

　　その時、あなたは、＿＿＿＿＿＿＿＿＿＿＿＿＿＿＿＿＿＿＿＿＿

　　＿＿＿＿＿＿＿＿＿＿＿＿＿＿＿＿＿＿＿＿＿＿＿＿＿＿＿＿＿＿

　　＿＿＿＿＿＿＿＿＿＿＿＿＿＿＿＿＿＿＿＿＿＿＿＿＿＿＿＿＿＿

③ カウンセリングは、5回目である。クライエントは、カウンセラーのあなたに心をひかれ、もっと親しくなりたいような話をしてくる。あなたはそのことに困っている。

　　その時、あなたは、＿＿＿＿＿＿＿＿＿＿＿＿＿＿＿＿＿＿＿＿＿

　　＿＿＿＿＿＿＿＿＿＿＿＿＿＿＿＿＿＿＿＿＿＿＿＿＿＿＿＿＿＿

　　＿＿＿＿＿＿＿＿＿＿＿＿＿＿＿＿＿＿＿＿＿＿＿＿＿＿＿＿＿＿

④ 万引きをした中学2年生女子Ｒ子さんは、呼び出しを受け、カウンセリングをあなたに2回受けた。3回目のカウンセリングで、なぜカウンセリングを受けなくてはいけないのかとあなたに疑問を投げかけた。

6. カウンセリングスキルのレッスン

その時、あなたは、＿＿＿＿＿＿＿＿＿＿＿＿＿＿＿＿＿＿＿＿＿＿＿＿＿＿

＿＿＿＿＿＿＿＿＿＿＿＿＿＿＿＿＿＿＿＿＿＿＿＿＿＿＿＿＿＿＿＿＿＿

＿＿＿＿＿＿＿＿＿＿＿＿＿＿＿＿＿＿＿＿＿＿＿＿＿＿＿＿＿＿＿＿＿＿

⑤　カウンセラーのあなたには、17歳の息子がいていつも甘やかしている。その息子と似た18歳の男子が不登校でカウンセリングを受けに来た。4～5回行っているうちに息子と同じようにクライエントも依存的になり助言を求めたり、母親のようになってもらいたいというクライエントの気持ちが伝わってきた。

その時、あなたは、＿＿＿＿＿＿＿＿＿＿＿＿＿＿＿＿＿＿＿＿＿＿＿＿＿＿

＿＿＿＿＿＿＿＿＿＿＿＿＿＿＿＿＿＿＿＿＿＿＿＿＿＿＿＿＿＿＿＿＿＿

＿＿＿＿＿＿＿＿＿＿＿＿＿＿＿＿＿＿＿＿＿＿＿＿＿＿＿＿＿＿＿＿＿＿

⑥　異性関係をくり返す25歳の女性の相談。
　　　　　　　（「ク」はクライエント、「カ」はカウンセラーを示す）
　ク）彼に会いたいけど会うと疲れる。でも別れるとさびしくなる。
　カ1）〔　　　　　A　　　　　〕
　ク）彼とのつき合いがうまくいかない。そして別の男の子をさがしてまたつき合うの。あなたも昔そんなところありませんでしたか。
　カ2）〔　　　　　B　　　　　〕
　ク）最初はつき合って楽しいんだけれど、だんだん気が重くなるの。
　カ3）〔　　　　　C1　　　　〕
　ク）自分でもわからないの。
　　　　　沈黙
　カ4）〔　　　　　C2　　　　〕
　ク）私の親は私に何でもしてくれた。だから、男の人にもやさしくしても

レッスン

らえる期待が大きいのかな。

〔　Ａ　〕には、くり返しか明確化の返答を、〔　Ｂ　〕にはあなたなりの返答を、〔　Ｃ１　〕、〔　Ｃ２　〕には直面を促す返答を入れよう。

レッスン24　　直面のロールプレイ　　（所要時間：４０分間）

ふたり組のペアを組み、クライエント役、カウンセラー役を決める（レッスン16、19、22を行った場合は、同じパートナーと組むとよい）。クライエント役は、レッスン16で示した文章（p.56）を読んでレッスン22までに展開した話題をさらに進める。カウンセラー役は、直面を促す方法を行おう。20分間、ロールプレイを行ったら、役割交換をしてまた20分間ロールプレイを行ってみよう。

カウンセラー役の感想：

クライエント役の感想：

レッスン23のふり返り

① 例：「君は、事故さえなければ無免許運転をしてもよいと思っているけど、そうかなあ。皆がしているからといってしていいというのはおかしいとは思わないか」

　クライエントに考えさせること、善悪について明確に判断できるよう促すことがポイントである。

② 例：「知らない人や大人と話すと緊張するんですね。ところで、今、私とここで話していますが、あなたは緊張していますか。そんなに私に対しては緊張しているようにみえませんが、どうしてでしょう」

　カウンセラーとクライエントが安心した関係であることの確認とクライエントの問題との関係を考えさせるとよい。これは、精神分析療法での*転移（transference）の分析の方法と似ている。くり返しや明確化をここで行っても話が深まらない。一般に対人緊張を問題とするクライエントにはカウンセラーとクライエントとの関係のあり方を扱うとよい。

③ 例：「すでに5回カウンセリングしているが、あなたは自分のことを話さないで、私の気をひくような話をしていますね。ここであなた自身について見つめ直してください」

　来談したときの当初の訴えや問題に話をもどして自分自身を見つめさせることがポイントである。「私はあなたの最近の話に困っています」とか「いやです」といった個人的感情は言わないほうがよい。

④ 例：「無理やりにカウンセリングを受けて、いやなようですね。私がカウンセリングをしようとしてもあなたは逃げているようです。なぜカウンセリングを受けたくないかを話してみてもいいし、いっしょに今、困っていることを話してみましょう」

　ラポールが形成されていると、このことばにはインパクトがあり、なぜカウンセリングをしたくないかを話し始める可能性が高い。ラポールが形成されていない場合、カウンセリングが中断する可能性が高い。「がまん

してカウンセリングに来てください」、「あなたは弱い人ね」、「抵抗しているのね」などは評価的発言であることからよくない。

⑤　例：「私にもあなたのような息子がいます。つい私もいつの間にか息子のようにあなたに接していました。あなたには私がお母さんのように思えていたのね。カウンセリングは、親子関係でなく対等な関係ですから、私もあなたもそれに気をつけてあなたの問題について話し合ってみましょう」

　カウンセラーが自己開示を行ってよいかどうか難しい点ではあるが、クライエントには、カウンセラーが母親のようにみえていることは、ふれるべきであろう。カウンセラーがクライエントに対して息子のように接するようなことを精神分析療法では*逆転移（counter transference）という。

⑥　A）　例：「彼と会うと疲れて。別れるとさびしいの」
　明確化としては、「彼と会いたい気持ちと、会うと疲れる気持ちとがあるの」などの返答がある。

　B）　例：「そのことをなぜ私に尋ねるの」
　一般に助言を求めたり、カウンセラー個人の意見を求めてくる場合には、上記の返答が定石だが、「自分だけがそんな行動に出るのがおかしいと思っているんですか」と言って明確化してもよい。

　C１）「それがあなたの問題なんですね。初めは結構楽しいけどその先はなぜかいやになってしまう……」
　クライエントの問題を直面させるように返答する。

　C２）沈黙を十分して
「男性にいっぱいやさしくいつもしてほしいからではないんですか」
　クライエントが沈黙中に自らその原因について考えている内容を推測して直面させるとよい。「何を今、考えていましたか」と聞いてもよい。

日常生活において、直面の必要性がある場合、他者の心の問題点にどんな言

い方でいつ、どのように介入していくかを余裕をもってレッスンしていこう。
(レッスン24のふり返りは、p.95)

(7) 支　持

　支持（support）とは、クライエントの生き方、考え方、気持ちを肯定的に受けとめて支えることをいう。そのためにはクライエント全体（置かれた状況、パーソナリティ、*自我の強さ）をみて支持していかなければならない。カウンセリングにおいてカウンセラーがクライエントを支持していく時期は、カウンセリング初期のラポール形成時とクライエントの主体性が生じてくるカウンセリングの終結期近くである。カウンセラーの支持は、精神安定剤にたとえられるように、与えすぎるとクライエントは弱くなり、ほどよく与えると強くなる。

　支持には、励ましたり、知識や技術を教えたり、忠告や助言をしたりして心を支えるというねらいがあり、保証、助言、説得、再教育、暗示がある。それ

表21　支持のねらいと種類（長尾　1991）

	ねらい		発　言　例
支持	励ましたり、知識や技術を教えたり、忠告や助言をしたりして心を支える	保　証	ク「そのことが気になってしかたがないのです」 カ「そうですか。しかし、君が心配しているほどではありませんよ。だいじょうぶです」
		助　言	ク「どうしたらよいのでしょうか」 カ「〇〇〇したほうがよいと思う」
		説　得	カ「とにかく君は、〇〇〇すべきだ。そうしたほうが絶対にいいよ。そうだろ」
		再教育	ク「そのへんに私の問題があると思うのですが……」 カ「そうでしょう。君はいつも〇〇〇という自分の問題で同じパターンをくり返している。今度は、そのへんを考えて、△△△してみてはどうですか」
		暗　示	カ「今度は、君は、きっと〇〇〇をする。そのとおりになりますよ」 ク「はい」

注：「カ」はカウンセラー、「ク」はクライエントを示す。ロジャーズのカウンセリングでは保証以外の支持は行わない。

表22 問題解決療法での支持技法（相場・龍島 2006より作成）

技法	説明
ソリューション・トーク (solution talk)	クライエントにとって問題を抱える今の状況と比較し、将来がどう違っていればよいかを取りあげて話す。
ノーマライズ (normalize)	クライエントの苦悩を尊重してクライエントの反応は正常であると言ってあげること。 「それは親としてふつうの気持ちですね」
コーピング・クエッション (coping question)	クライエントは困難な状況なのに何とかやり抜けていることを取りあげる。 「こんなに大変なのにどうやってここまで切り抜けてきているんでしょう」
コンプリメント (compliment)	クライエントをほめること。以下の3つがある。 　直接的コンプリメント：そのままクライエントをほめる。 　間接的コンプリメント：「どうしてそれができたの」と質問の形でほめる。 　セルフコンプリメント：クライエント自らが気づいて自分を自分でほめる。

ぞれの発言例を表21に示した。

問題解決療法においては、支持に相当する技法として、ソリューション・トーク、ノーマライズ、コーピング・クエッション、コンプリメントがある（表22）。表21と表22の内容には類似点も多くあるが、カウンセリングの流れに即して支持を与えるとよい。わざとらしい支持は、クライエントのカウンセラーへの信頼感を失わせることにもなる。

表21に示す支持は、とくに自我の弱い統合失調症（schizophrenia）や知能に障害をもつクライエントに適用され、また、不治の病や障害のあるクライエントに対して*QOL（Quality of Life）を高めるためや重要な他者を喪失した悲嘆（grief）を乗り越えるために行われる。また、クライエントに対して支持のみを行うカウンセラーは、カウンセリングの終結期においてクライエントとの分離に支障をきたす可能性を留意しておく必要がある。

支えることは、簡単なようで難しい。クライエントは何に困っているか、どのように苦しんでいるかの内容と程度を考えて支持してみよう。

6. カウンセリングスキルのレッスン

レッスン 25　　支持のレッスン　　　　　（所要時間：40分間）

以下のクライエントの発言に対して支持する返答をしてみよう。

① 中学2年生男子。バレー部の部長に選ばれたが、自信がないという。
　「皆を引っぱる自信がありません。皆が僕の言うことを聞いてくれるかどうか、どうも」

――――――――――――――――――――――――――――

――――――――――――――――――――――――――――

② 高校1年生女子。発表する時にいつもあがってしまう。そんな自分に腹立たしさを感じるという。
　「ついあがってしまい、何が何だかわからなくなるの。それがいつもいやなんです」

――――――――――――――――――――――――――――

――――――――――――――――――――――――――――

③ 高校2年生女子。母親は臨床心理士になりなさいと言う。しかし、本人は薬剤師になりたいと言う。どうしたらよいか迷っている。
　「私はできたら薬剤師になりたいの。やはり母が言うようにしたらいいのでしょうか」

――――――――――――――――――――――――――――

――――――――――――――――――――――――――――

レッスン

以下のような場合、あなたはどうするか。クライエントを支持する対応を考えてみよう。

④ 大学2年生女子。最近、男性から性的いたずらをされたという相談。まだ誰にも相談をしていない。あなたは、長時間かけて、彼女が被害にあったつらさを聞いた。その後、あなたはどうするか。

――――――――――――――――――――――――――――――――

――――――――――――――――――――――――――――――――

⑤ 40歳の男性がアルコール依存症ではないかという相談に来た。その場合、あなたはどうするか。

――――――――――――――――――――――――――――――――

――――――――――――――――――――――――――――――――

⑥ 電話相談で26歳の女性が、「今、もう死にたい」という。2年間つき合った彼と別れ、絶望したという。すでにナイフを受話器の近くに用意して手首を切ろうとしている。その場合、あなたはどうするか。

――――――――――――――――――――――――――――――――

――――――――――――――――――――――――――――――――

⑦ 確認強迫の症状をもつ30歳の男性。カウンセリングでカウンセラーのあなたに毎回、「……してよいか」と確かめる。その場合、あなたはどうするか。

――――――――――――――――――――――――――――――――

⑧ うつ病の50歳の会社員。「会社を辞めたい。働く意欲がない。このままでは皆にすまない、辞職したい」という。その場合、あなたはどうするか。

⑨ あなたは精神科病院で患者のデイケアに携わっている。知的障害をもつ22歳の女性患者はデイケアに通い、その仲間のアルコール依存症の男性患者からお金をせびられたり、彼女のアパートに来て長時間つき合わされるという。彼女はそれをいやがっている。その場合、あなたはどうするか。

⑩ 1年間不登校の女子中学生はあなたのカウンセリングを受けている。ここ3週間、保健室登校をしている。彼女はクラスに入ることに不安がある。そこであなたは、彼女を支持したい気持ちが生じている。あなたはどのように対応するか。

（「カ」はカウンセラー、「ク」はクライエントを示す）

ク）「クラスに入れそうなんだけど、まだ怖いんです。どうしようか迷います」

カ1）共感またはくり返しの返答をしよう

ク）「人目がまだ気になります。もういいやという気もします。やってダメならダメで」

カ2）支持の返答をしよう

レッスン26　支持のロールプレイ　　（所要時間：40分間）

　ふたり組のペアを組み、カウンセラー役とクライエント役を決める（レッスン16、19、22、24を行った場合は、同じパートナーと組むとよい）。クライエント役は、ロールプレイの終了を意識してレッスン24までに展開した話題をさらに進めてみよう。カウンセラー役は、支持を行う。20分間、ロールプレイを行ったら、役割交換をしてまた20分間ロールプレイを行ってみよう。

　カウンセラー役の感想：

　―――――――――――――――――――――――――――――

―――――――――――――――――――――――――――――――

　―――――――――――――――――――――――――――――

―――――――――――――――――――――――――――――――

　クライエント役の感想：

　―――――――――――――――――――――――――――――

―――――――――――――――――――――――――――――――

　―――――――――――――――――――――――――――――

―――――――――――――――――――――――――――――――

> レッスン 25 のふり返り

① 「部長としてやっていけるか心配なんですね。しかし、メンバーは君を信頼して選んだのだからきっとついていくよ。メンバーを信頼してがんばってみたら」という一般的な激励でよい。

　「君ならやれるよ」、「だいじょうぶ」、「気にするな」などは慣用句に近い。慣用句は心にひびかないので、支持にならない。

② 「人前で緊張するんですね。あがる自分を情けなく思っているんですね。あがってもいいやと開き直ると大丈夫じゃないの」とあるがままの自分を受けいれられるようにするとよい。

　「君の年代でそれがふつうだよ」、「私もそうだった」、「よくあることだよ」は、クライエントとの心理的距離がむしろ遠くなる。

③ 「お母さんは臨床心理士になることを勧めるが、あなたは薬剤師になりたいんですね。進学するのはあなたですからあなたの気持ち、心ざしが一番ですね」と職種内容には直接ふれず、クライエントの意思を尊重した支持がよい。

　「臨床心理士がよいと思う」、「薬剤師のほうがよいのでは」、「お母さんがそう言う根拠は何でしょう」などは、カウンセラーの主観が介入しすぎている。

④ まず、1）「そのような被害を受けたあと、あなたはどうしましたか」といたずらされたあとのクライエントは自らどのように対応したかを聞く。次に、2）大学内か外かいたずらされた場所と加害者によっては大学内のセクシュアルハラスメントに関する委員会、あるいは警察に報告することを勧める。たとえば「ハラスメント委員会にそのことを詳しく話したらいかがでしょうか」と勧める。ただカウンセリングをして心の傷をいやせばよいというものではない。

⑤ アルコール依存症であるかどうかは、「なぜアルコール依存症だと思った

のですか」と聞いて、アルコール依存症の疑いがあれば精神科病院を紹介してそこで診断をしてもらうことを勧める。通院するか入院するかによって病院の紹介先が異なってくる。病院に行くことに抵抗があれば、保健所か保健センターを紹介するとよい。このように④と同様に具体的な対応策を提示することが支持となる。

⑥ 危機介入（crisis intervention）の相談である。「あなたの死にたい理由をじっくりお聞きしたいので、まずナイフを遠くへ置いてください」とくり返し説得をする。返事が確認できたら、長時間かけてでも死にたいつらい気持ちを聞いて自殺をくいとめる説得をする。それでも自殺を決行しようとするなら相談者の電話番号や氏名、住所を聞き、警察など他の機関へ通報することもある。

⑦ 何回も「……してよいか」と尋ねる場合、確認強迫である可能性が高い。カウンセラーがそれに気づけば、「最初は私が示唆することであなたの心が落ちつくならば私なりに意見を言いますが、あまりに何回も私に確認すること自体は問題なので、自分の判断を重視するように努力してください」と言う。確認強迫の場合、毎回、カウンセラーが確認に同調すると症状は固定化しやすいことを心得ておくべきである。

⑧ 「辞職するという決断は今はしないでみましょう。おそらく職場の皆さんはあなたが疲れていることに気づいているでしょう。あなたに今、必要なのは静養です。心を休めましょう」のように、うつ病患者に対しては励まさないことが原則である。
　「辞めたいのなら辞めてよいのでは」、「もう少しがんばって努力しましょう」、「正直にスタッフにすまないと言ったらどうですか」はうつ病の病理を理解しないままの発言なのでよくない例。

⑨ 「はっきりとその人にアパートに来ないでと言ってください。お金はないから貸せないと言ってください。それはあなたにできると思います。どうしてもできないのなら私が手伝います」と言う。知的障害をもつ患者に対

してはわかりやすい助言や介入が必要である。

「あなたなりに考えてみてください」、「どうしてそうされるのか考えてみては」、「その人はあなたが好きなんでしょう」は知的障害のない患者にはよいが知的障害の患者には混乱をまねくのでよくない。

⑩ カ1）「クラスに入れそうで入れない不安があるのね」、「クラスに入れる勇気が少し出てきたけど心配なのね」などくり返しや共感をするとよい。

「どうしてなの」、「まだ入れないのね」、「保健室でいいじゃないの」はクライエントを評価しているのでよくない例。

カ2）「もういいやという開き直った気持ちもあるのね。勇気が出てきたね。ダメもとでやってみようか」、「私なりに手助けしていくから、やってみようか」、「いいのよ、失敗しても」、「無理しないでやってみようか」などの支持がよい。

「君ならやれるよ」、「がんばって」、「人目が気になるってよくない」、「私のためにもがんばって」は教育的発言なのでよくない例。

日常生活において、自分にとって他者のどのようなことばかけが心の支えになっているかを意識し、自分の支えになったと思うことばがあったら、そのことばを他者が困っているときにかけるなどしよう。

ティータイム 《なぜ「クライエント」なのか》

　ロジャーズ（Rogers, C. R.）は、カウンセラーと対等な対人関係を重視して患者（patient）という語を用いないでクライエント（client）という語を用いた。クライエントという語を用いたのは、クライエントの自己回復力、自己教育力をカウンセラーが信じることからきている。つまり、カウンセリングは、治療（treatment）ではなく心の援助であることを強調するためにクライエントという語を用いたのである。しかし、クライエントの語源は、ローマ史において貴族の子分という意味からきており、専門家に相談して依頼する人という意味がある。このことから筆者は、ロジャーズの考え方にもとづけばクライエントよりもむしろ悩む者（worried man）のほうが、語としてふさわしいととらえている。

レッスン

（8） レッスン 16、19、22、24、26 のふり返り

　レッスン 16、19、22、24、26 を通して、対人関係がうまくいかない 30 歳の市役所職員のカウンセリングは、約 100 分間かけて展開できただろうか。

レッスン 16 のふり返り

　クライエント役の対人関係上の孤立してさびしい気持ち、どんな関わりをしてよいかわからない戸惑いなどにカウンセラー役は十分、共感しただろうか。またクライエント役は、カウンセラー役のフィードバックによってわかってもらっているという感じが生じただろうか。互いにそれを確かめ合ってほしい。

レッスン 19 のふり返り

　ペアによって、ストーリーがかなり展開していたり、進んでいなかったりしているはずである。クライエントの対人関係の悩みの原因が幼い頃の親子関係にあることは、カウンセラー役が質問しなくてもでてくるはずである。クライエント役は、このへんの表現に躊躇し、沈黙が多くなるであろう。そこをカウンセラー役はうまくリードしたであろうか。あるいは他のストーリー内容でも沈黙に対するリードがあったと思われる。クライエント役にとって「言わされた」という感じではなく自然とことばが発せられていたのならカウンセラー役のリードはよい。カウンセラー役は、クライエント役の沈黙に慣れて待てる力があればよい。

レッスン 22 のふり返り

　ストーリーがどのように展開されたかがくり返しと明確化を行うポイントともいえる。レッスン 22 は、カウンセラー役とクライエント役の双方ともロールプレイを越えてカウンセリングを行っているという感じがあればうまくいっているといえる。クライエント役は、対人関係上の他者と親しくなりたいが、

親しくなれないという葛藤を表現しただろうか。カウンセラー役は、その葛藤を何回もくり返しと明確化しただろうか。くり返しは、それを行うタイミングやその内容が重要である。それは、何回もレッスンをしないと身につかない。明確化は、クライエント役のストーリーの背景にある気持ちの流れをつかむレッスンである。

レッスン24のふり返り

レッスン22が無理なく展開すればクライエント役がこのカウンセリングにおいて重要な場面となる直面する内容の表現がでてくるはずである。つまり、クライエント役は、何事も親のせいにしてあるがままの自分を見つめてこなかったことに直面できるかどうかというストーリーになると思われる。

そうではないストーリーにしてもクライエント役が自分のある部分に直面できるようにカウンセラー役がリードしていかなければならない。無理なくクライエント役が直面できたとすれば、レッスン22がうまく展開し、ラポールが形成されていたともとらえられる。不自然な直面場面が生じたとすれば、クライエント役の自己防衛の強さ（イメージの貧困さもふくむ）とカウンセラー役の直面を促すことのタイミングのまずさやリードの欠如ととらえられる。20分間では直面場面は多くて2回ではなかろうか。クライエント役は、直面してその内容を自己に受けいれることができたであろうか。

レッスン26のふり返り

レッスン26は、単にカウンセラー役の支持のレッスンではない。レッスン24で生じたクライエント役が直面した内容をあるがままに自己に受けいれることができるようにカウンセラー役が支持できたかどうかがポイントである。

レッスン24とレッスン26とに連続性があれば、このロールプレイは本当のカウンセリングのように展開されているはずである。逆にレッスン24とレッスン26に流れがないとすれば、ラポール形成の浅さやカウンセラー役かクライエント役のどちらかの開かれていない自分、かたくなで防衛的な自分がとらえられる。このことを打開するためには、これから多くのカウンセリングロー

レッスン

ルプレイのレッスンが必要となってくる。

　レッスン26の場面は、問題解決療法や*行動療法（behavior therapy）では、問題が解決していく場面であり、クライエント役が、正しいコーピング（問題解決の対処方法）を実践していくようにカウンセラー役が支持していくことがポイントとなる。この場面をロジャーズ流の理想的なカウンセリング終結場面に置き換えれば、クライエント役がレッスン24で生じた直面からあるがままの自分を受けいれて、職場でその本当の自分を勇気をもって表現していく、対人関係で積極的な態度で接していく決断をくだす場面となる。

　ロールプレイは、このような内容で終了しただろうか。ロールプレイは、カウンセラー役とクライエント役との相性や互いのイメージの豊かさなどがストーリーの内容を左右しやすい。理想通りいかないことが、生の対人関係であり、心の流れである。スキルを磨き、形をつくること、そのためのロールプレイである。

用語解説

愛他的行動（altruistic behavior）（→ p.48）
　愛他心は、利己心の反意語で、他者への配慮、寛容さ、親切さ、愛情のことをいう。利他心とも呼ばれる。愛他心から生じた行動を愛他的行動という。愛他的行動は、外的な報酬を期待することなしに、他者や他の人々の集団を助けようとしたり、人々のためになることをしようとする行為で、反社会的行動の反意語の、向社会的行動ともいう。

イラショナルビリーフ（irrational belief）（→ p.4）
　非論理的信念。人がある事実を受けとめ解釈する場合の誤った、あるいはゆがんだ受けとり方を意味する。

音楽療法（music therapy）（→ p.20）
　心身の健康の維持および心身障害の回復のための補助手段として音楽を用いる療法。音楽鑑賞、歌唱、コーラス、器楽演奏、作曲、ダンスを取り入れた音楽ゲームなどを行ってリハビリテーション、保健、教育的活動を行う。

環境調整（environmental manipulation）（→ p.12）
　個人や小集団を取りまく環境を媒介として問題に働きかける取り組みをいう。親子関係、交友関係、スタッフとの関係などを調整する。一般にケースワーカーが行うが、わが国ではスクールカウンセラーの指導者が少ないことから、カウンセラーも行っている。

逆転移（counter transference）（→ p.84）
　心理療法を行う治療者の内的問題、とくに過去の経験が治療の場やクライエントとの関係の性質によってゆり動かされ統制がつかなくなり、自分の内的な欲求によって反応してしまう状態のことをいう精神分析の用語。

QOL（Quality of Life）（→ p.86）
　生活の質、生存の質、人生の質と訳される。人間の幸福感、安定感、充足感など

の基本的人権に関わる理念である。健康、経済、心理、家族といった多くの領域からQOLをみていく必要がある。

ゲシュタルト療法（Gestalt therapy）（→ p.45）

パールズ（Perls, F. S.）によって創始された。自己や自己の欲求を形にして表現したり、全体としてのまとまりのある方向へパーソナリティの統合をはかることを志向している。「今、ここ」を重視してクライエントの生きざまや全存在に対する気づきをねらいとしている。精神分析でいう超自我（上位自我）とエス（イド）との葛藤、自己の二面性の葛藤をゲシュタルト心理学でいう図と地との相互関係からとらえていく。

行動化（acting-out）（→ p.47）

言語化を中心とする心理療法で、葛藤などがことばではなく、行動で表現されることをいう精神分析の用語。現代の青年は、自己表現を行動で表現しやすい。

行動療法（behavior therapy）（→ p.96）

アイゼンク（Eysenck, H. J.）によって人間の行動や情動を学習理論の諸法則に従って改善する療法として開発された。症状は学習の結果であり、無意識を仮定しないで治療の目標は誤った行動、症状の改善や修正とする。

サリバン（Sullivan, H. S. 1892 ～ 1949）（→ p.39）

アメリカの精神科医でネオフロイディアン（アメリカの精神分析学派）に属し、とくに統合失調症患者への心理療法を開発した。彼の対人関係論（interpersonal theory）には独自なものがある。前思春期（preadolescence）における同性の親友であるチャム（chum）を強調したことでも著名である。

自我の強さ（ego strength）（→ p.85）

精神分析の自我心理学派が唱える用語。自我の強さや弱さの概念は、自我の機能の成熟度を評価する場合に用いられる。現実吟味能力、欲求不満耐久度、自我の安定性と統合性、自我同一性の確立の程度、自我の柔軟性、自我の防衛度などを意味する。

自律訓練法 (autogenic training)（→ p.20）

シュルツ（Schultz, J. H.）が創始した。注意の集中、自己暗示の練習によって全身の緊張を解いて、心身の状態を自分でうまく調整できるようにする段階的訓練法をいう。

心理劇 (psychodrama)（→ p.39）

サイコドラマともいい、モレノ（Moreno, J. L.）が創始した即興劇の形式を用いた集団心理療法のことをいう。舞台で主役が自分の課題を即興劇の形で表現するのを監督と補助自我が援助する。自己表現をしやすくさせるウォーミングアップ、ドラマを演じる、主役の課題をメンバー全員で分かち合うシェアリングの3段階からなる。

スーパービジョン (supervision)（→ p.12）

カウンセラーが、自分のカウンセリングスキルの不十分な点に気づくための面接のことをいう。一般に1対1で行うことが多いが、ひとりのスーパーバイザーに対して複数のスーパーバイジーで行うこともある。単にスキルの指導ではなく、カウンセラーの特徴、盲点に気づかせることをねらいとしている。統制分析ともいう。

精神分析療法 (psychoanalysis)（→ p.6）

フロイト（Freud, S.）が創始した心理療法。無意識の意識化をめざし、パーソナリティや症状の形成について過去、とくに幼児期の親子関係を重視する。フロイトの弟子にアドラー（Adler, A.）やユング（Jung, C. G.）がいて、フロイト以後、ネオフロイディアン（アメリカ）、自我心理学派、対象関係論学派、ラカン学派などに分派していった。

抵抗 (resistance)（→ p.77）

とくに精神分析療法の過程で無意識への到達を妨げるようなクライエントの言動のことを意味する。フロイト（Freud, S.）は、（1）抑圧抵抗、意識化することを妨げる抵抗、（2）転移抵抗、カウンセラーへ転移が生じその関係に葛藤が生じているが、そのことを意識化しようとしない抵抗、（3）疾病利得抵抗、ある症状が生じて心的葛藤を直面しようとしない抵抗、（4）エス（イド）抵抗、反復強迫抵抗といってある表現を何度もくり返して心的葛藤を直面しようとしない抵抗、（5）

超自我（上位自我）抵抗、罪悪感や自己懲罰欲求から生じる抵抗、の5つをあげている。

転移（transference）（→ p.83）
　クライエントが過去の重要人物（とくに両親）に対する感情や態度をカウンセラーに向けることをいう精神分析用語。カウンセラーへの友好的感情をともなう陽性転移と、攻撃的、敵対的感情をともなう陰性転移とがある。いずれもクライエントの幼児期に起源があるととらえる。

二重拘束（double bind）（→ p.38）
　ダブルバインドともいう。ベイトソン（Bateson, G.）が、家族内のコミュニケーションの問題としてあげた特徴である。親が子どもに相矛盾する2つのメッセージを異なる水準で送り、受け手の子どもはその矛盾を指摘したりその場から逃れることが許されない拘束状況にくり返しさらされることをさす。

認知行動療法（cognitive behavioral therapy）（→ p.11）
　従来の行動療法の枠組みに、認知を治療に影響を及ぼす変数として加え、認知の変化にともなって行動の改善をめざす治療法のことをいう。1960年代にアメリカでベック（Beck, A. T.）がうつ病患者に認知療法を行ったことに始まる。患者のゆがんだ自動思考（automatic thought：自分の意思とは関係なく意識に浮かびあがってくる思考）やその原因となっているスキーマ（schema：外界認知の概念的枠組み）を変容させることにより、不快な感情と不適応行動の改善をはかることをねらいとしている。

パーソナルスペース（personal space）（→ p.38）
　個人が暗黙のうちに他者の侵入をいやがっている自分の周囲の空間をいう。パーソナルスペースは、パーソナリティ、状況、文化などによって異なる。

フロイト（Freud, S. 1856～1953）（→ p.26）
　オーストリアの神経学者。精神分析療法の創始者。生涯、開業医として精神分析を展開する。無意識の存在、とくにエディプスコンプレックス（oedipus complex）の発見、幼児期の親子関係の重要性、彼独自のパーソナリティ形成論、防衛機制、

転移と抵抗などの概念の提案は、今日の臨床心理学や精神医学に影響を与えている。

問題解決療法（solution focused therapy）（→ p.16）
　1980年代以後、アメリカを中心に短期心理療法（ブリーフセラピー：brief therapy）が広まり、なかでも問題解決療法は、ディ・シェイザー（de Shazer, S.）とバーグ（Breg, I. K.）によって開発された。平均面接回数は、3～5回とされる。ミルトン・エリクソン（Erickson, M. H.）の流れをくむ。実験心理学から臨床心理学へ転換した臨床心理士が多いわが国では他の心理療法に比べて難しい理論を学ぶこともなく、臨床経験が少なくても技法をマスターしやすいことから、注目されている。

抑圧（repress）（→ p.31）
　自我が受け入れにくい経験や感情を意識から閉め出す防衛機制をいう。フロイト（Freud, S.）が神経症的防衛の基本として取りあげた。抑圧と解離（dissociation）は、ともに意識内容からある一定の経験の記憶ないしはそれに関連した思考が切り離されている状態としての共通性をもっている。抑圧は、主体的、積極的に用いられる機制であるが、解離は、外傷体験に翻弄された結果の受け身的な状態をいう。

ラポール（rapport）（→ p.20）
　カウンセラーとクライエントとの良好な信頼関係のことをいう。全ての心理療法に不可欠である。相互の関係であり、クライエントがカウンセラーのことを信頼したり、好感をもてたりするようになり、カウンセラーのほうもクライエントへ同じような感じが生じることをいう。ラポール形成のマスターは、カウンセラーの心の余裕や人生経験などに左右されやすい。わが国のスーパーバイザーは、臨床心理士へのラポール形成の指導を工夫すべきである。

ロジャーズ（Rogers, C. R. 1902～1987）（→ p.2）
　アメリカの臨床心理学者。非指示的カウンセリング、来談者中心カウンセリングの創始者。農学部を卒業し、コロンビア大学で心理学を専攻し、臨床実践を積んでいった。従来のカウンセラーの権威にクライエントが服従するカウンセリングを批判した。晩年は、ジェンドリン（Gendlin, E. T.）のフォーカシング（focusing）の

助言やエンカウンターグループ（encounter group）の普及に貢献した。ロジャーズ対スキナー（Skinner, B. F.）の論争は、1956年、1960年、1962年、1963年の4回実現している。スキナーは、人間の行動は遺伝構造と刺激による強化の結果であり、行動は測定できると述べた。ロジャーズは、人間の行動は受け身的反応ではなく自己理解、主体的選択など価値を追求する存在であるとして反論した。また、ブーバー（Buber, M.）との対談も1957年に実現した。ブーバーは、カウンセリングは単なる友好関係ではないとし、カウンセラー側の責任や優位性・内実性をロジャーズに問い、クライエントの内にある潜在的な力の確証が必要であることに迫った。

論理情動行動療法（rational emotive behavior therapy）（→ p.4）

エリス（Ellis, A.）が創始した心理療法。A（activating event）、B（belief system：受けとり方）、C（consequence：結果）、D（dispute：論駁・介入）、E（effectiveness：効果）のABCDE理論にもとづく。出来事の受けとり方が、結果としての悩みにならいためにBを変える治療法である。イラショナルビリーフをラショナルビリーフに変えていくことが中心となる。

文 献

1.

江川玫成　2006　心理療法・カウンセリングにおける認知方略：その理論と実際　ブレーン出版

Ellis, A. 1962 *Reason and Emotion in Psychotherapy*. Lyle Stuart.

Luft, J. & Ingham, H. 1955 *The Johari Window*. Proceeding of the western training laboratory in group development.

岡秀樹　1986　認知的療法と精神分析（前田重治編　カウンセリング入門：カウンセラーへの道）　有斐閣選書

Rogers, C. R. 1942 *Counseling and Psychotherapy*. Houghton Mifflin.（友田不二男訳　1966　ロージァズ全集2巻　岩崎学術出版社）

Williams, R. & Williams, V. 1993 *Anger Kills*. Reid Boates Library.（河野友信監修・岩坂彰訳　1995　怒りのセルフ・コントロール　創元社）

2.

Brammer, L. M. & Shostrom, E. L. 1960 *Therapeutic Psychology*. Englewood Clifts.（対馬忠・岨中達訳　1969　治療心理学：カウンセリングと心理療法　誠信書房）

土居健郎　1971　甘えの構造　弘文堂

福島脩美　1997　カウンセリング演習　金子書房

Herr, E. L. 1978 日本学生相談研究会の講演録

長尾博　1991　改訂　学校カウンセリング　ナカニシヤ出版

Rogers, C. R. 1942 *Counseling and Psychotherapy*. Houghton Mifflin.（友田不二男訳　1966　ロージァズ全集2巻　岩崎学術出版）

Rogers, C. R. 1957 The necessary and sufficient conditions of therapeutic personality change. *Journal of Consulting Psychology*, 21, 96-102.

Rogers, C. R. 1961 *On Becoming a Person*. Constable.

3.

Huizinga, J. 1949 *Homo Ludens*. Routledge and Kegan Paul.（里見元一郎訳　1989

ホモ・ルーデンス文化のもつ遊びの要素についてのある定義づけの試み　河出書房）

佐々木雄二　1976　自律訓練法の実際：心身の健康のために　創元社

4．

Bateson, G. 1972 *Step to an Ecology of Mind*. Ballantine Books.（佐伯泰樹・佐藤良明・高橋和久訳　1986　精神の生態学　思索社）

Birdwistell, R. L. 1970 *Kinesics & Context*. University of Pennsylvania Press.

Freud, S. 1912 *Ratschläge für den Arzt bei der psycho-analytischen Behandlung*. Fischer Verlag.（小此木啓吾訳　1969　フロイト著作集9　人文書院）

深田博己編　1999　コミュニケーション心理学：心理学コミュニケーション論への招待　北大路書房

菅野純（春木豊編）1987　心理臨床のノンバーバル・コミュニケーション　川島書店

Knapp, M. L. 1972 *Nonverbal Communication in Human Interaction*. Holt, Rinehart & Winston.（牧野成一・牧野泰子訳　1983　人間関係における非言語的情報伝達　東海大学出版会）

Mehrabian, A. & Ferris, S. R. 1967 Inference of attitudes from nonverbal communication in two channels. *Journal of Consulting Psychology*, 13, 37-58.

Rogers, C. R. 1951 *Client-Centered Therapy*. Houghton Mifflin.（友田不二男編訳　1966　ロージァズ全集3巻　岩崎学術出版社）

5．

Moreno, J. L. 1946-1969 *Psychodrama*. Beacon House.

Perls, F. S. 1973 *The Gestalt Approach & Eye Witness to Therapy*. Science and Behavior Books.

Sullivan, H. S. 1954 *The Psychiatric Interview*. W. W. Norton & Company.（中井久夫他訳　1986　精神医学的面接　みすず書房）

6．

相場幸子・龍島秀広編　2006　みんな元気になる対人援助のための面接法：解決志向アプローチへの招待　金剛出版

文 献

Berg, I. K. 1994 *Family Based Services*. W. W. Norton & Company.（磯貝希久子訳　1997　家族支援ハンドブック：ソリューション・フォーカスト・アプローチ　金剛出版）

de Shazer, S. 1985 *Keys to Solution in Brief Therapy*. W. W. Norton & Company.（小野直広訳　1994　短期療法解決の鍵　誠信書房）

Kohut, H. 1971 The *Analysis of the Self*. International Universities Press.（水野信義・笠原嘉監訳　1994　自己の分析　みすず書房）

Mussen, P. & Eisenberg-Berg, N. 1977 *Roots of Caring, Sharing, and Helping*. W. H. Freeman and Company.（菊池章夫訳　1980　思いやりの発達心理　金子書房）

長尾博　1991　改訂　学校カウンセリング　ナカニシヤ出版

Platon　ソクラテスの弁明（久保勉訳　1959　ソクラテスの弁明　岩波文庫）

Robinson, F. P. 1950 *Principles and Procedures in Student Counseling*. Harper & Brothers.

Rogers, C. R. 1957 The necessary and sufficient conditions of therapeutic personality change. *Journal of Consulting Psychology*, 21, 96-102.

附録　カウンセリングプロセススケール

　1960年代のわが国の心理臨床分野では、カウンセリングプロセスを明らかにしていく研究がさかんであった。ロジャーズ流カウンセリングを普及してこられた諸先生方の文献・書籍をもとに、その時代の貴重な研究結果を参考にして、さらなる心理療法分野の展開を願い、筆者なりのカウンセリングプロセススケールを作成した。

　ロールプレイ中のカウンセリングプロセスが十分に進められているかどうかをチェックするために、あるいは実際のカウンセリングプロセスの展開を明らかにするために、ご利用いただけたら幸いである。

　山本・佐治ら（1964）は、カウンセリングプロセスは次の4つに分けられるという。（1）クライエントの自己過程、（2）カウンセラーの自己過程、（3）クライエントの自己過程とカウンセラーの自己過程との相互作用過程、（4）カウンセリング関係過程。これらを図に示したのが下の図である。

　この図をもとにカウンセリングプロセスを尺度化した。

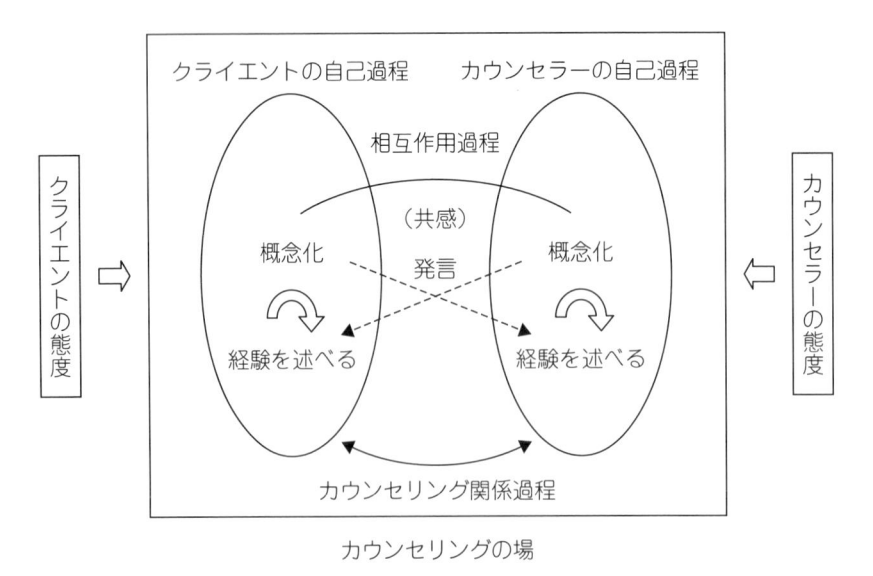

図　カウンセリングプロセスの構造（山本・佐治ら 1964）

（1） クライエントの自己過程について
（a） 内的経験過程
　1点…客観的な事実だけを述べる
　2点…自分を整理して自分の問題をつきとめようとしている
　3点…新しい自分の発見や自分の心の中の発言が多い
　4点…今まで気づかなかった自分について動き出し、新しい経験をしようとしている

（b） 外的経験過程
　1点…自分をどこまでカウンセラーに開示できるかという抵抗と不安がある
　2点…カウンセラーに自分のことを話し出し、わかってもらいたいという気持ちがある
　3点…カウンセラーの発言を自分のものとして感じる。一体感がある
　4点…カウンセラーの発言にひっぱられても決定的にはひっぱられない

（2） カウンセラーの自己過程
（a） 内的経験過程
　1点…クライエントの話を理屈だけで理解し、クライエントの気持ちをわかっていない
　2点…クライエントの言っていることと自分の理解とのズレを感じ、修正をはかる
　3点…クライエントの漠然とした気持ちも経験としてそのまま感じられる
　4点…クライエントの述べていることがより明らかにわかり、クライエントの経験とそれにともなう気持ちがわかってくる

（b） 外的経験過程
　1点…クライエントに批判的、カウンセラーからの働きかけが強い
　2点…クライエントの受け入れにくい部分を受け入れられず、近づきにくい
　3点…クライエントの受け入れにくい部分を受け入れられる。クライエントの変化に感動する
　4点…クライエントに生き生きさを感じ大切な人物と感じる。一体感が生じる

（3） カウンセリング関係過程
　1点…双方に不安と緊張があり、開放的ではない

2点…双方の話題のやりとりの場でしかない。役立つ場かどうかの迷いと不安がある
3点…一体感をもった関係。充実した緊張感をもった関係
4点…双方に信頼感が生じ、クライエントにとってカウンセラーの存在が大切なものとして感じられる

得点が高いほどそのカウンセリングプロセスは深まっているととらえる。

[参考文献]

Hart, J. T. 1961 The evaluation of client-centered psychotherapy. *The Psychiatric Institute Bulletin*, 1巻, 2号, p1-21.

佐治守夫　1957　非指示的療法による面接記録　精神衛生研究, 5号, p7-62.

Synder, W. U. 1945 An investigation of the nature of nondirective psychotherapy. *Journal of General Psychology*, 33巻, p193-224.

高柳信子　1960　心理療法のプロセスについて　カウンセリング, 1巻, 2号, p25-29.

Traux, C. B. 1961 A scale for the measurement of accurate empathy. *The Psychiatric Institute Bulletin*, 1巻, 12号, p1-21.

村山正治　1961　心理療法に関する研究（4）　第3回臨床心理学会報告.

山本和郎・越智浩二郎　1963　心理治療過程の現象学的研究　臨床心理, 2巻, p3-23.

山本和郎・佐治守夫・村瀬孝雄ら　1964　心理治療面接過程の構造分析　精神衛生研究, 13巻, p121-204.

おわりに

　生粋のロジャーリアンではない筆者が、「カウンセリング」について執筆することには大きなためらいがあった。しかし、思い切って執筆したのは、長年にわたり、ロジャーズ流の「カウンセリング」について地方各地で講演やワークショップをしたことの経験を集大成したいという思いからであった。

　地方で平均年齢75歳の民生委員の方々を対象にロジャーズ流の「カウンセリング」の話をした際、「こんなことは日本人離れして、全く役に立たない」と断言され、また、ある警察署で研修を行った際、「警察はそんな悠長な仕事をしていない」と言われ、また、若い臨床心理士を対象に研修した際、「こんなものはもう古い方法と教わりました」と言われた。このような経験から、筆者は、容易にはロジャーズ流の「カウンセリング」について理解してもらえないことを痛感した。

　また、昨今では、「カウンセリング」といえば、テレビ番組での人生相談と同じであると誤解したり、若い臨床心理士が、守秘義務を忘れて、クライエントに「あなたの話はこのあいだのケースカンファレンスで出しました」などと公言したという情報も入る。

　「カウンセリング」あるいは心理臨床は、経験が7割で知識が3割である。「カウンセリング」を行う者は、常に自分の行った「カウンセリング」経験を検討し、明日へつなげるものにしていかなければならない。よくロジャーズ派以外の流派の臨床家から、「カウンセリング」は今や古典的なものだと聞く。しかし、筆者は、「カウンセリング」は、古典的というよりもむしろ基本的なものであると考えている。その意味から、真のカウンセラーになるためには、本書で説いたカウンセリングレッスンやスーパービジョンを絶え間なく受ける必要がある。ゴルフ、野球、相撲、プロレスラーなどのプロのスポーツ選手の1日の練習量はアマチュアの何倍にもなる。わが国の臨床心理士には、一般市民の心をうつようなプロ意識はあるのであろうか。

　筆者は、長年、スーパービジョンをしていて、結局は、ロジャーズ流の「カウンセリング」では、カウンセラーのパーソナリティ、つまり、誠実さ、素直さ、まじめさ、寛大性、ヒューマニズムなどが、「カウンセリング」のあり方

を左右しているように思える。ロジャーズの「カウンセリング」は、彼のパーソナリティによるところが大きいのではないかと考えたりもする。筆者なりに、カウンセリングスキルのレッスンを通してロジャーズに似たパーソナリティにカウンセラーを近づけるスーパービジョンもあると考えている。

　最後に「カウンセリング」は、結果よりもその過程を重視する。このことから、すでに亡くなられた臨床家、河合隼雄先生、佐治守夫先生、村上英治先生、村瀬孝雄先生、小川捷之先生を偲んでカウンセリングプロセススケールを附録に加えた。

　本書が、「カウンセリング」の研修や臨床的研究に少しでもお役に立てたら幸いである。刊行に際して、金子書房の池内邦子さんに心より感謝申し上げます。

索　引

ア　行

愛他的行動（altruistic behavior）　48, 97
遊び（play）　20, 22-24

一致（congruence）　20, 41, 42, 45, 49, 59
イラショナルビリーフ（irrational belief）　4, 97
イングハム（Ingham, H.）　6
隠喩（metaphor）　71, 75

ウィリアムス（Williams, R.）　2, 3
ウィリアムス（Williams, V.）　2, 3
ウィリアムソン（Williamson, E. G.）　25
ウェルフォームド・ゴール　79
うつ病　75, 92

江川玟成　2, 3
エリス（Ellis, A.）　4, 102

岡秀樹　4

カ　行

カウンセラーの態度　9, 14, 15
カウンセリングスキル　46, 48
カウンセリングの定義　8
カウンセリングの場面構成　13, 14
カウンセリングの目標　47, 48
カウンセリングの倫理　14, 15
確認強迫　88, 92
カスタマー（customer）　46
家族療法流派　71
関係性の質問　77, 79
感情の反射　58
菅野純　33, 34
関与しながらの観察（participant observation）　39

危機介入（crisis intervention）　92
逆転移（counter transference）　84, 97
QOL（Quality of Life）　86, 97
鏡映法　42
境界例（borderline case）　71
共感（empathy）　2, 9, 12, 15, 39, 48, 49, 56-58, 68, 71, 89, 93

くり返し（repeat）　9, 48, 66, 68, 70, 74, 76, 82, 83, 89, 93-95

ゲシュタルト療法（Gestalt therapy）　45, 98

向社会的行動（pro-social behavior）　49
行動化（acting-out）　47, 98
行動療法（behavior therapy）　96, 98

コーピング・クエッション　86
コフート（Kohut, H.）　48
コミュニケーション（communication）　26, 32
コミュニケーション手段　33
コンプリメント　86
コンプレイナント（complainant）　46
コンプレックス（complex）　60

サ 行

サリバン（Sullivan, H. S.）　39, 98

自我の強さ　45, 85, 98
自己開示（self-disclosure）　5, 84
自己概念（self concept）　11, 49
自己認知（self cognition）　2, 4, 6, 77
支持（support）　66, 75, 85, 87, 89-91, 93, 95
指示的カウンセリング（directive counseling）　13
自由連想（free association）　47
受容（accept）　9, 12, 32, 48, 77
純粋性（genuiness）　9, 15, 49, 53, 56, 58, 59
助言　7, 8, 81, 85, 93
ショストローム（Shostrom, E. L.）　7
ジョハリの窓　5, 6
自律訓練法（autogenic training）　20, 99
心理劇（psychodrama）　39, 99
心理療法（psychotherapy）　4, 7, 11, 12, 39, 71

スケーリング・クエッション　79
スーパービジョン（supervision）　12, 13, 17, 99

精神分析療法（psychoanalysis）　6, 47, 83, 84, 99
説得　8, 42, 85, 92
センタリング（centering）　45

ソリューション・トーク　86

タ 行

対決　76, 77
対人関係（interpersonal relation）　2, 56, 94
対人認知（interpersonal cognition）　2, 33

知覚される態度　33
直面（confrontation）　45, 61, 76-79, 82, 84, 94-96
治療構造　47
沈黙（silence）　60, 62-64, 66, 84, 94

ディ・シェイザー（de Shazer, S.）　101
抵抗（resistance）　77, 84, 99
転移（transference）　83, 100

土居健郎　14
同一化（identification）　48
統合失調症（schizophrenia）　67, 86
同情（sympathy）　48

ナ 行

長尾博　10, 14, 46, 77, 78, 85
ナップ（Knapp, M.L.）　32

二重拘束（double bind）　38, 100
二重自我法　43, 45
人間関係（human relations）　2, 12, 22, 26, 32, 39, 48, 77
認知行動療法（cognitive behavioral therapy）　11, 12, 16, 100
認知療法（cognitive therapy）　4, 6, 100

ノーマライズ　86

ハ 行

ハー（Herr, E. L.）　8
バーグ（Berg, I. K.）　101
パーソナルスペース（personal space）　36, 38, 100
バードウィステル（Birdwistell, R. L.）　32

非言語的行動（non-verbal behavior）　32-35, 37
ビジター（visitor）　46
非指示的カウンセリング（non-directive counseling）　8, 9, 13, 46
開かれた質問　61, 62

深田博己　26

福島脩美　15
ブラマー（Brammer, L. M.）　7
フランクル（Frankl, V. E.）　45
フロイト（Freud, S.）　26, 100
プロブレム・トーク　79
分身法　41

ベイトソン（Bateson, G.）　38

マ 行

ミラクル・クエッション（miracle question）　61, 79

明確化（clarification）　9, 48, 68, 70-76, 82-84, 94
メーラビアン（Mehrabian, A.）　32

モレノ（Moreno, J. L.）　39
問題解決療法　16, 46, 47, 61, 65, 77, 86, 96, 101

ヤ 行

役割交換（法）　40, 44, 56, 64, 74, 82, 90

抑圧（repress）　31, 101

ラ 行

来談者中心カウンセリング（client centered counseling）　8, 11, 12, 46
ライフイベント（life events）　4, 47
ラポール（rapport）　20, 22, 24, 25, 46,

47, 56, 66, 75-77, 83, 85, 95, 101

リード（lead） 60-64, 66, 94, 95
リフレーミング（reframing） 71, 75

ルフト（Luft, J.） 5

ロールプレイ（ロールプレイング：role playing） 12, 39, 40, 56, 60, 64, 74, 82, 90, 94, 95
ロジャーズ（Rogers, C. R.） 2, 7-9, 11, 13, 26, 30, 46, 48, 49, 101
ロビンソン（Robinson, F. P.） 61
論理情動行動療法（rational emotive behavior therapy） 4, 102

ワ 行

ワンダウン（one down） 65

著者紹介

長尾　博（ながお　ひろし）

北九州市出身
1976年　九州大学教育学部卒業
1978年　九州大学大学院教育学研究科修士課程修了
1981年　九州大学大学院教育学研究科博士課程単位満了中退
1983年　九州大学教育学部助手
1992年　活水女子大学文学部教授
2017年　活水女子大学名誉教授
2017年～2022年　活水女子大学国際文化学部特別専任教授
専攻　臨床心理学、青年心理学、精神医学（医学博士）
主な著書　『三訂　学校カウンセリング』ナカニシヤ出版
　　　　　『青年期の自我発達上の危機状態に関する研究』ナカニシヤ出版
　　　　　『変化の心理療法』ナカニシヤ出版
　　　　　『図表で学ぶアルコール依存症』星和書店
　　　　　『女ごころの発達臨床心理学』福村出版
　　　　　『心理・精神療法ワークブック』誠信書房
　　　　　『パースペクティブ青年心理学』（共著）金子書房
　　　　　『ヴィジュアル精神分析ガイダンス』創元社
　　　　　『図表で学ぶ心理テスト』ナカニシヤ出版
　　　　　『やさしく学ぶ認知行動療法』ナカニシヤ出版
　　　　　『多様化する「キャリア」をめぐる心理臨床からのアプローチ』ミネルヴァ書房
　　　　　『ケースで学ぶ不登校』金子書房　など

やさしく学ぶカウンセリング　26のレッスン

2008年10月27日　初版第1刷発行　　　　　　　　　　　　　　　〔検印省略〕
2025年6月10日　初版第18刷発行

著　者　　長尾　博

発行者　　金子紀子

発行所　　株式会社　金子書房
　　　　　東京都文京区大塚3-11-6　〒112-0012
　　　　　電話　03(3941)0111(代)　FAX　03(3941)0163
　　　　　振替　00180-9-103376　https://www.kanekoshobo.co.jp
印　刷　　藤原印刷株式会社　　製本　有限会社井上製本所

©2008　Hiroshi Nagao
Printed in Japan
ISBN978 4-7608-3609-3　C3011

金子書房の教育図書

ケースで学ぶ不登校──どうみて、どうする
長尾　博　著　　　　　　　　　　　　Ａ５判　148頁　定価　本体2,300円＋税

不登校に関する臨床心理学の研究を俯瞰し，特徴別に10のケースを解説。スクールカウンセラーの不登校フォーミュレーションも提案。

実践セミナー　不登校の理解と支援
──４つの視点によるアプローチ

池田久剛　著　　　　　　　　　　　　Ａ５判　128頁　定価　本体1,800円＋税

不登校の多様な状態をどう理解し，関わるか。精神疾患と神経発達症群，神経症的不登校と自己愛的不登校という４要因から論点を整理。

子どものSOSの聴き方・受け止め方
半田一郎　著　　　　　　　　　　　　四六判　212頁　定価　本体2,100円＋税

つらい思いを抱えている子どもが，自分のつらさを伝えるのはとても難しい。まず，周囲の大人が気づき，受け止めることから始めよう。

はじめよう！　ブックコミュニケーション──響きあう教室へ
村中李衣・伊木　洋　著　　　　　　　Ａ５判　136頁　定価　本体1,700円＋税

教師という立場ではなく人として，本をきっかけに思いを子どもたちに語ることで，響きあいが生まれ，いつもとは違う教室になる。

学校心理学にもとづく教育相談
──「チーム学校」の実践を目指して

山口豊一・松嵜くみ子　著　　　　　　Ａ５判　160頁　定価　本体1,800円＋税

学校と心理士が協働して，すべての児童生徒に適切な援助をするための校内体制づくり，アセスメント，チーム援助の実際を解説。

やさしく学べる　保育カウンセリング
大竹直子　著　　　　　　　　　　　　Ｂ５判　120頁　定価　本体1,800円＋税

子どもと保護者の心にどう寄り添うか。保育者の実践や経験から得た「知恵」を活かす理論，アドバイス満載！　幼稚園，小中高の先生，福祉・医療関係の方にも役立つ。